新媒体环境下投资者与上市公司信息互动研究

杨凡——著

THE INFLUENCING FACTORS AND ECONOMIC CONSEQUENCES OF INVESTOR-FIRM INFORMATION INTERACTION VIA NEW MEDIA

中国经济出版社
CHINA ECONOMIC PUBLISHING HOUSE
·北京·

图书在版编目（CIP）数据

新媒体环境下投资者与上市公司信息互动研究 / 杨凡著. -- 北京 : 中国经济出版社, 2025. 4. -- ISBN 978-7-5136-8120-9

Ⅰ. F279. 246

中国国家版本馆 CIP 数据核字第 20257VL427 号

策划编辑 崔姜薇
责任编辑 张 博
责任印制 李 伟
封面设计 任燕飞装帧设计工作室

出版发行 中国经济出版社
印 刷 者 河北宝昌佳彩印刷有限公司
经 销 者 各地新华书店
开 本 710mm×1000mm 1/16
印 张 15
字 数 237 千字
版 次 2025 年 4 月第 1 版
印 次 2025 年 4 月第 1 次
定 价 88. 00 元
广告经营许可证 京西工商广字第 8179 号

中国经济出版社 **网址** http://epc. sinopec. com/epc/ **社址** 北京市东城区安定门外大街 58 号 **邮编** 100011
本版图书如存在印装质量问题，请与本社销售中心联系调换（联系电话：010-57512564）

前言

PREFACE

中国正按照“规范、透明、开放、有活力、有韧性”的总目标深化资本市场改革，其中健全信息披露机制与实现投资者保护是重要的推进方向。在新发展阶段，资本市场有效发挥市场化资源配置功能和健全完善激励约束机制的使命与职责，离不开完善的信息机制和畅通的信息渠道。长期以来，我国资本市场参与者之间存在较为严重的信息不对称，导致一系列资源错配问题。管理层、大股东等内部人员借助信息优势侵占公司利益的事件频频发生，进一步扭曲了要素资源配置。因此，建立公正、充分、有效的信息机制，保障投资者信息权利，是实现资源有效配置和投资者保护的重中之重。

随着现代信息技术的发展，新媒体已成为承载信息的重要枢纽，广泛渗透到社会生活的各个领域中。我国监管机构一直重视新兴媒体对信息披露模式的颠覆性变革，尝试基于互联网和新媒体技术重塑资本市场信息机制。2010 年和 2013 年，深圳证券交易所和上海证券交易所相继建立了“互动易”“e 互动”官方新媒体平台，畅通投资者与上市公司的信息渠道。通过新媒体，投资者与公司管理层“零距离”沟通，信息传递从单向式转变为双向式。这一信息互动模式的变革打破了信息壁垒，对改善投资者信息地位产生了积极影响。同时，新媒体畅通了投资者参与公司治理的渠道，交互式和链式信息传播改变了公司的舆论监督环境，外部股东依托新媒体公开发声维权，可更加有效、更大程度地参与舆论监督。那么，在新媒体环境下，投资者与上市公司信息互动（以下简称信息互动）受到哪些因素的驱动和影响？能否真的成为改善投资者信息地位和缓解信息不对称问题的有效机制，从而增强资本市场有效性？又能否提升投资者的监督治理能力，并成为影响内部人决策的治理机制，有效保护公司和股东的权益？

为解决上述问题，本书遵循“影响因素—经济后果”的研究主线，基于信息不对称理论、委托代理理论、有效市场理论和大众传播理论，以中国沪深A股上市公司为样本对象，基于深圳证券交易所“互动易”和上海证券交易所“e互动”新媒体平台提供的独特研究场景，系统地探究了新媒体环境下信息互动的影响因素和经济后果。本书的主要内容和结论如下：

第一，本书探究了新媒体环境下信息互动的影响因素。首先，从投资者信息需求的视角，检验了公司定期披露的信息含量对信息互动的驱动作用。研究发现，定期披露的信息含量越低，即可读性越低、相似性越高，投资者通过新媒体渠道与公司进行信息互动的水平就越高，表明信息互动是法定信息披露的补充机制；业绩波动性越高，定期披露信息含量与信息互动水平之间的关系就越显著；投资者替代性信息来源越有限，即分析师研报数量越少、实地调研次数越少，定期披露信息含量的降低对信息互动的驱动作用就越强。其次，从上市公司信息供给的视角，检验了公司信息发布者的信息提供能力对信息互动效率的影响。研究发现，董事会秘书（以下简称董秘）的信息提供能力越强，新媒体信息互动效率越高，表现为互动答复率高、互动时效性强、互动充分性高；融资需求越大，董秘的信息提供能力对互动答复率的影响越显著，但对互动时效性和互动充分性没有表现出异质性影响；盈余消息越负面，董秘的信息提供能力与互动答复率和互动充分性之间的关系越显著，但与互动时效性的关系没有表现出显著差异。

第二，从信息效应的视角，本书探究了新媒体环境下信息互动在提升资本市场信息效率上的有效性。首先，检验信息互动能否增强投资者信息能力，减少盈余公告后价格漂移现象。研究发现，信息互动水平越高，盈余公告后价格漂移的程度越低，且这一效果在信息互动效率高（互动答复率高、互动时效性强、互动充分性高）的样本中更加显著，表明新媒体信息互动能够提高投资者信息能力，修正盈余市场反应；公司的信息环境越好，即分析师和媒体关注度越高、机构投资者持股比例越高，信息互动抑制盈余公告后价格漂移的效果越显著。其次，检验信息互动能否促进公司层面的特质信息融入股价，提高股价信息含量。研究发现，信息互动水平越高，公司股价信息含量越高，且这一效果在信息互动效率高的样本中更加显著，表明新媒体信息互动能够提升股票市场信息效率；公司的信息环境越好，即分析师和媒体关注度越高、机构投资者持股比例越高，信息互动提高股价信息含量的作用越显著；作用机制检验表明，信息互动依靠信息传递机制发挥信息效应，即通过增强股票流动性，缓解信息不对称问题，进而提高股价信息含量。

第三，从治理效应的视角，本书探究了新媒体环境下信息互动对内部人利益侵占的治理有效性。首先，从第一类代理问题出发，检验信息互动对管理层利益侵占行为的影响。研究发现，信息互动抑制了管理层在职消费；区分投资者提问的类型，投资者情绪倾向越负面，上述作用越强；对公司治理环境较差的样本，即第一大股东持股比例较低的公司以及非国有公司，信息互动抑制在职消费的作用更加显著；在投资者法律制度保护薄弱的地区，信息互动对在职消费的治理效果更强；作用机制检验表明，信息互动通过舆论压力机制、联动监管机制发挥治理作用，即引发媒体负面关注、招致监管机构问询进而抑制管理层的利益侵占。其次，从第二类代理问题出发，检验信息互动对控股股东资源攫取的治理效果。研究发现，信息互动抑制了控股股东掏空行为；互动过程中投资者提问的情绪倾向越负面，上述作用越强；公司治理环境越差，所在地区法律制度保护越薄弱，信息互动对掏空的治理作用越显著；作用机制检验表明，舆论压力机制和联动监管机制是信息互动发挥掏空治理效能的重要内在机制；进一步地，信息互动还显著地提高了公司的短期和长期绩效。

本书的创新之处主要体现在以下三个方面：

第一，从需求和供给的双维视角，系统地研究了新媒体环境下市场主体信息互动水平和效率的影响因素，为该领域研究提供了新的视角。在新技术引起资本市场信息机制变革的现实背景下，少量文献关注到利空或利好消息、公司特征等因素对上市公司新媒体信息披露的影响，但未能从交易双方信息需求和信息供给的视角进行全面分析，更未能在细化新媒体信息互动行为的基础上对其影响因素予以系统的探究。本书把握新媒体信息互动机制的功能定位，明确主体互动的关系和过程，首先，从投资者信息需求的视角，发现公司定期披露信息含量的降低增加了市场投资者对新媒体信息渠道的依赖；其次，从上市公司信息供给的视角，创新性地从多维角度构建了董秘信息提供能力和信息互动效率衡量指标，揭示了公司信息发布者在提高信息互动效率方面的重要作用，是对现有新媒体信息互动影响因素研究的丰富和拓展。

第二，较为全面地提供了信息互动提升资本市场信息效率的证据，拓展了数字化背景下新媒体与资本市场经济后果的研究文献。当前研究多聚焦于传统信息披露形式和信息中介行为对公司信息环境和资源配置效率的影响，未能对新型信息媒介能否改善资本市场的信息环境和运行效率及其背后的理论逻辑和内在机理进行系统的分析，甚至得到相悖的研究结论。为弥补已有研究的不足，解决相关争议，本书将我国证交所官方设立的新媒体互动平台作为研究场景，同时考察信息互动水平和效率，研究得出，新媒体环境下市场主体信息互动能够改善投资者信息地位，提高投资者信息能力，减少盈余公告后价格漂移现象，提升股价信息含量，从而为新媒体与资本市场效率研究提供新的证据。本书进一步提出信息传递这一内在作用机理，并揭示了新媒体信息互动机制与传统信息机制互为补充的作用关系，更进一步地丰富了新媒体环境下信息互动的资本市场经济后果研究。

第三，基于两类委托代理问题，将新媒体环境下的信息互动研究拓展到公司治理领域，全面而深入地揭示了新媒体在新兴资本市场中的重要治理作用。当前文献主要围绕新兴媒体的信息传递和价值发现功能展开，只有极为有限的文献关注新的媒介形式对公司并购决策、薪酬契约、会计信息质量的影响，尚缺乏对其他重要治理问题的学术关注。本书提出新媒体的治理效应，认为新媒体是外部股东影响上市公司决策、维护合法权益的非正式治理机制。本书以我国公司治理实践中广泛存在的内部人利益侵占问题为切入点，发现新媒体信息互动能够增强股东的话语权和影响力，在管理层在职消费、控股股东掏空双重委托代理问题上发挥了治理有效性，进一步揭示了其中的情境因素，并创新性地归纳和检验了舆论压力机制、联动监管机制两项内在作用机理。研究结论更新和拓展了对新媒体背景下外部股东在公司治理中的角色和影响的认知，丰富了新媒体发挥治理效能的作用机理研究。

目录
CONTENTS

第一章

绪 论

第一节　研究背景与意义

一、研究背景

在新发展阶段，资本市场肩负着发挥市场化资源有效配置和健全完善激励约束机制的使命与职责，在整个经济运行中具有牵一发而动全身的作用。围绕“规范、透明、开放、有活力、有韧性”的总目标，我国监管机构正推动建立促进资本市场高质量发展的长效机制，全面深化资本市场改革。其中，完善信息披露机制，强化投资者保护是重要的方向。健全的信息机制有利于促进信息共享，降低交易成本，增强资本市场枢纽功能，防范系统性风险。然而，长期以来，我国资本市场信息非均衡问题严重，市场参与者之间存在较高的信息不对称，导致一系列资源错配问题。信息不对称加之制度缺失又加剧了代理冲突（Jensen and Meckling，1976；La Porta et al.，2000），导致公司内部人借助信息地位和控制权优势攫取私利，践踏中小股东权益的现象频频发生，扰乱了市场秩序，进一步扭曲了要素资源配置，不利于我国经济高质量发展。

如何解决资本市场中普遍存在的信息不对称和委托代理冲突问题，实现信息效率和资源配置优化，一直受到学术界和实务界的共同关注。一方面，市场运行效率的提升和要素资源配置的优化取决于信息能否在市场中充分流通并有效地影响市场及投资者的决策行为（Akerlof，1970）。随着宏观经济不确定性和投资环境更趋严峻复杂，以投资者为主的信息使用者同上市公司保持有效、持续的信息沟通，获取充分决策依据的需求越发强烈。另一方面，上市公司中管理层、控股股东等内部人的机会主义行为亟须得到制衡和约束。上述公司治理问题的严重程度取决于委托方和代理方之间的博弈，而博弈的结果随着双方信息地位的变化而改变。因此，建立公正、充分、有效的信息机制，改善投资者信息地位，保障投资者信息获取权利不仅是提高市场信息效率和优化资源配置的关键前提，还是提升公司治理水平，保护广大股东权益的重要途径。

在传统的信息机制下，有限的信息渠道和信息能力推高了投资者获取和利用信息的成本。依靠年度报告等法定信息披露抑或证券分析师、传统媒体等市场中介，投资者仅能被动地获取上市公司信息，并付出较高成本在种类庞杂、数量巨大的信息池中搜寻有价值的决策依据。这种单向的信息流通形式限制了信息获取的及时性及决策的有用性（Cade，2018）。数字化变革背景下，随着互联网、大数据等新一代信息技术的迅猛发展，新媒体以其互动性、实时性、开放性的显著优势从根本上变革了信息内容的生产和传播方式（Miller and Skinner，2015），成为经济、社会生活各个领域不可或缺的信息媒介。针对资本市场参与者日益增长的信息需求，新媒体的出现降低了信息披露成本，提高了信息传递效率，成为市场信息发布、传播的重要渠道，为资本市场信息环境的改善和信息效率的提升做出了积极贡献。近年来，各国资本市场监管机构越发重视新媒体的信息优势，尝试利用新媒体技术畅通信息渠道，重塑资本市场信息机制。

2013 年 4 月，美国证券交易委员会发布公告，明确允许上市公司遵守公平披露规则，使用 Twitter、Facebook 等社交媒体披露重要信息。随着我国证券市场迈入互联网时代，为引导投资者与上市公司之间的信息沟通，深圳证券交易所发布《关于启用“深圳证券交易所上市公司投资者关系互动平台”的通知》，于 2010 年建立“互动易”网络平台，成为全球首个由交易所官方承建、市场参与主体平等使用的互动平台，开辟了投资者获取信息的新通道。随后，上海证券交易所于 2013 年采用新媒体技术建立了“e 互动”网络平台，为沪市投资者与上市公司搭建“零距离”信息互动的官方渠道，并纳入监管机制，成为探索市场化监管模式、提高公司监管有效性的重要落点。具有新媒体特征的投资者互动平台在资本市场中的应用变革了公司信息披露模式，改善了投资者的信息地位，实现了市场主体之间的双向信息交互。同时，新媒体还保障了投资者的质询权和参与权，扭转了外部股东长期以来扮演“沉默的羔羊”角色的弱势局面，为其公开发声维权、参与公司治理提供了新通道。

至今，证交所投资者互动平台已成为投资者获取公司信息，表达利益诉求的重要渠道。截至2020年底，总计超4000家上市公司收到投资者近370万次提问，内容涉及公司战略规划、股权结构、公司治理、业绩表现、研发进展等多维信息，为新媒体环境下信息互动行为的研究提供了独特场景。

基于我国资本市场信息不对称和委托代理问题较为严重的现状，以及完善投资者保护和信息披露机制的重要改革方向，结合当前新技术与资本市场融合的背景趋势，本书拟从新媒体环境下信息互动的现象出发，深入探究其影响因素和经济后果，主要回答以下问题：①哪些重要因素驱动了投资者利用新媒体渠道与上市公司进行信息互动？②新媒体环境下的信息互动对资本市场产生怎样的影响，能否以其信息传递优势提高投资者信息能力，缓解信息不对称问题，进而提升资本市场信息效率？③基于新媒体的信息互动能否成为有效的监督治理机制，约束公司内部人的行为决策，保护外部股东权益？其中的作用机制是什么？上述问题未能在现有文献中得到全面的解答。为此，本书以我国证券市场特有的“互动易”和“e互动”新媒体平台为研究场景，刻画新媒体环境下的信息互动行为，构建“影响因素—经济后果”的研究框架。本书丰富了数字化背景下新媒体与资本市场交叉领域的研究，充实了对新兴市场中投资者基于新兴媒介在公司治理中的角色和影响的认知，同时为监管机构充分利用现代信息技术健全资本市场信息机制和治理机制，提升上市公司质量和促进资本市场健康发展提供决策参考。

二、研究意义

（一）理论意义

第一，本书基于现代信息技术下的证券市场新媒体环境，探究信息互动的影响因素，从信息需求诱因和信息供给动因两个方面提供了拓展性的理论研究视角和新的实证证据。资本市场参与主体利用新媒体渠道进行信息沟通的现象普遍存在，然而理论研究主要从市场传闻、公司特征等角度对上市公司新媒体信息披露的影响因素给予有限关注，缺少从新的角度分析新媒体信息互动的影响因素，且得到的研究结论较为碎片化。本书突破现有文献的局限性，从需求和供给的双重视角考虑投资者信息需求动机以及公司信息供给能力，研究定期披露的信息含量和董秘的信息提供能力对信息互动水平及效率的影响。研究有助于从理论层面提出新媒体渠道是法定披露的重要补充和信息使用者的决策来源这一观点，同时验证了公司内部信息发布者的重要作用，从新的角度丰富和拓展了新媒体环境下信息互动的行为动机和影响因素的理论研究。

第二，本书探究了新媒体环境下信息互动机制对提升资本市场信息效率的有效性，提出新媒体“信息效应”理论假说，拓展了现代信息技术与资本市场效率领域的研究文献。当前，绝大多数文献聚焦传统信息机制对资本市场信息环境的影响，忽视了对基于新媒体的互动式信息机制的理论研究，且该领域文献未能基于各类研究场景提供一致的结论。在前人研究的基础上，本书基于新媒体的信息传递功能，借助我国证交所官方新媒体平台提供的独特场景，准确刻画信息互动行为，从抑制盈余公告后价格漂移和提高股价信息含量两个方面探究了信息互动机制在提升市场信息效率上的有效性，为新媒体环境下信息互动行为的资本市场经济后果研究提供了较为全面的视角、直接的证据和一致的结论。在此基础上，本书揭示了基于新媒体的信息互动机制与以分析师、媒体及机构投资者为代表的传统信息机制之间的作用关系，加深了对新媒体信息互动的理论认知。

第三，本书拓展了新媒体的治理功能，通过探究信息互动在约束内部人决策、保护股东权益上的有效性及其作用机制，补充和拓展了现代信息技术、公司治理和投资者保护领域的相关研究。利用新媒体引导信息互动是我国监管机构探索数字化监管模式，提升全民监督效果的重要机制。然而，仅极为有限的研究对新媒体监督公司行为决策的治理作用、情境因素及其作用机制给予理论关注。本书提出新媒体的“治理效应”，即新媒体促进市场投资者参与公司治理的有效性。从我国公司治理实践中的两类典型委托代理问题出发，本书揭示了新媒体环境下信息互动抑制管理层、控股股东等内部人利益侵占的治理作用，并深入探究其中的情境因素和作用机制，同时考察了信息互动过程中投资者的情绪倾向，为外部股东利用新媒体渠道提高信息能力和决策话语权，参与公司治理提供了直接而深入的证据，拓展了新媒体的经济后果及其资本市场治理效能的理论研究。

（二）实践意义

第一，本书为投资者利用新媒体渠道提升信息能力，增强公司治理参与权，维护自身合法权益提供了指导。作为新兴市场经济国家，我国长期面临投资者保护制度性缺失以及公司治理机制不完善等问题，外部股东尤其是中小股东处于边缘化的劣势地位，通常扮演“搭便车”的角色，抑或沦为“沉默的羔羊”。针对我国市场信息不对称严重、投资者保护薄弱的现实问题，本书基于网络信息时代背景，聚焦新媒体环境下资本市场主体互动模式的变革，探讨了新媒体环境下信息互动在提升市场信息效率和约束内部人利益侵占决策上的有效性，并进一步分析其中的情境因素和作用机制。研究结论为外部股东利用新兴媒介提升信息能力，改善信息地位，有效参与公司治理提供了重要指引。

第二，本书为上市公司畅通与投资者之间的信息渠道，优化信息环境和内部治理提供了重要启示。当前，部分上市公司对投资者关系管理重视程度不够、主观能动性不强、传递公司价值的动力不足，加剧了与投资者之间的信息壁垒，不利于公司经营和资本市场发展。本书探究了新媒体环境下信息互动的影响因素，并从“信息效应”和“治理效应”的角度全面地揭示了其经济后果。研究结论为上市公司充分认知新媒体在资本市场信息传递和内部决策监督治理方面的显著优势，积极利用新兴媒介与投资者等外部利益相关者建立更为主动的战略性互动关系，改善信息环境，强化监督制衡，探索实现高质量发展的有效路径提供了经验指导。

第三，本书为监管部门利用现代信息技术推动建立公正、充分、有效的信息机制，探索市场化监管模式，切实有效地发挥监管职能提供了决策参考。资本市场的信息不对称问题引发逆向选择和道德风险，加剧了不公平交易和经济资源错配。本书探究了新媒体环境下信息互动的信息传递和监督治理双重功能，并分别检验了信息环境、治理环境等情境因素的作用。因此，本书为监管机构在探索数字化和市场化监管模式，提高上市公司监管有效性提供了有效的政策启示。证监会、交易所等监管部门应该全面深化资本市场改革，进一步开展监管创新行动，利用现代信息技术畅通信息渠道，引导双向良性互动，打造“规范、透明、开放、有活力、有韧性”的资本市场。

第二节 概念界定

一、新媒体

随着信息技术的迅猛发展，新媒体（New Media）的涌现颠覆了信息内容的生产和传播方式，在个体间的信息分享与传播中扮演着重要角色（廖祥忠，2008）。匡文波（2012）认为，与传统媒体相比，新媒体具有即时性、开放性、信息海量性、融合性等特征，其中最本质的特征是技术上的数字化和传播上的互动性，其将新媒体的概念定义为利用计算机或具有计算机属性的数字设备传递信息的载体。彭兰（2016）提出，新媒体基于数字技术、网络技术和其他新一代信息技术的媒介形式，表现出数字化、互动性、融合性、网络化特征，以网络媒体、手机媒体和移动互联网以及其他拥有互动特征的数字媒体为典型代表。2013 年，习近平总书记在全国宣传思想工作会议上强调，“加快传统媒体和新兴媒体融合发展，充分运用新技术新应用创新媒体传播方式”。证监会也明确提出支持新媒体参与资本市场运行建设，强调新媒体在提高开放度、信息量、时效性，扩大信息覆盖面等方面具有显著优势。基于上述理论研究和实践观点，本书中的新媒体，是指区别于传统媒体形式，基于互联网技术、数字技术等现代信息技术，能够为市场参与者提供互动性信息传播服务的媒介形态和平台。具体来说，本书重点关注我国深圳证券交易所和上海证券交易所依托互联网技术和新媒体技术建立的“互动易”和“e 互动”证券网络平台。上述平台具有即时互动、开放共享、无限兼容等特性，可容纳大量的资本市场参与主体，建立了市场参与者实时信息互动和沟通的渠道，符合学术研究中新媒体的定义范畴与典型特征，为本书提供了独特的、绝佳的研究场景。

二、信息互动

在资本市场与财务会计领域中，已有文献对投资者、上市公司、分析师、新闻媒体等资本市场参与主体通过互联网、新媒体等平台的信息互动关系或行为进行了初步探索（Lee et al.，2015；陈钦源等，2021）。传统的披露模式下，信息在上市公司与信息使用者之间的流动是单向的，公司管理层是信息披露的决策主体，投资者仅能通过公司公告等途径被动地接收信息，无法参与到信息披露的过程中（Cade，2018）。随着新媒体成为资本市场信息传播的重要渠道，投资者能够通过新媒体平台与上市公司直接互动交流，资本市场信息流通实现了由单向式披露转变为双向式互动，提高了投资者获取公司信息的效率（Miller and Skinner，2015；Elliott et al.，2020）。本书重点关注基于新媒体的投资者与上市公司的互动性、实时性信息沟通，即在新媒体平台中投资者线上提问和上市公司在线答复的信息交互过程。在本书的不同章节，针对不同的研究问题，涉及信息互动水平、信息互动效率以及信息互动过程中投资者情绪倾向等主要概念，本书以具有代表性的证交所投资者互动平台为实验场景和数据支撑，分别构造变量予以衡量。借鉴已有文献，信息互动水平为“互动易”和“e 互动”新媒体平台中投资者提问与上市公司答复的数量总计，必要时考虑剔除无效、低质量的答复对本书的干扰；信息互动效率主要从信息互动答复率、信息互动时效性、信息互动充分性三个方面开展考察，计算方法分别为公司管理层有效答复数量与投资者提问数量之比、公司有效答复与投资者提问之间的间隔时长、公司有效答复的内容充分度；对于信息互动过程中的投资者情绪倾向，本书采用机器学习法，借助百度情感倾向分析（Sentiment Classification，Senta）平台进行文本情绪分析，判别新媒体平台中投资者提问的情感极性类别，甄别投资者提问的语调是否具有较强的负面倾向，具体过程将在后文详细说明。

第三节 研究思路与方法

一、研究思路

本书的研究思路如图 1-1 所示。

本书遵循“问题提出—文献分析—理论演绎—实证研究—研究结论”的逻辑思路。具体而言，基于新媒体环境下资本市场主体之间信息互动这一现象，本书系统地梳理了相关领域的研究文献，以我国证交所特有的“互动易”和“e 互动”新媒体平台为研究场景，构建了“影响因素—经济后果”的分析框架，探究了新媒体环境下信息互动行为的影响因素和经济后果，分析其中的作用机理和情境因素，并进行实证检验，得到研究结论，最后提出相关建议。

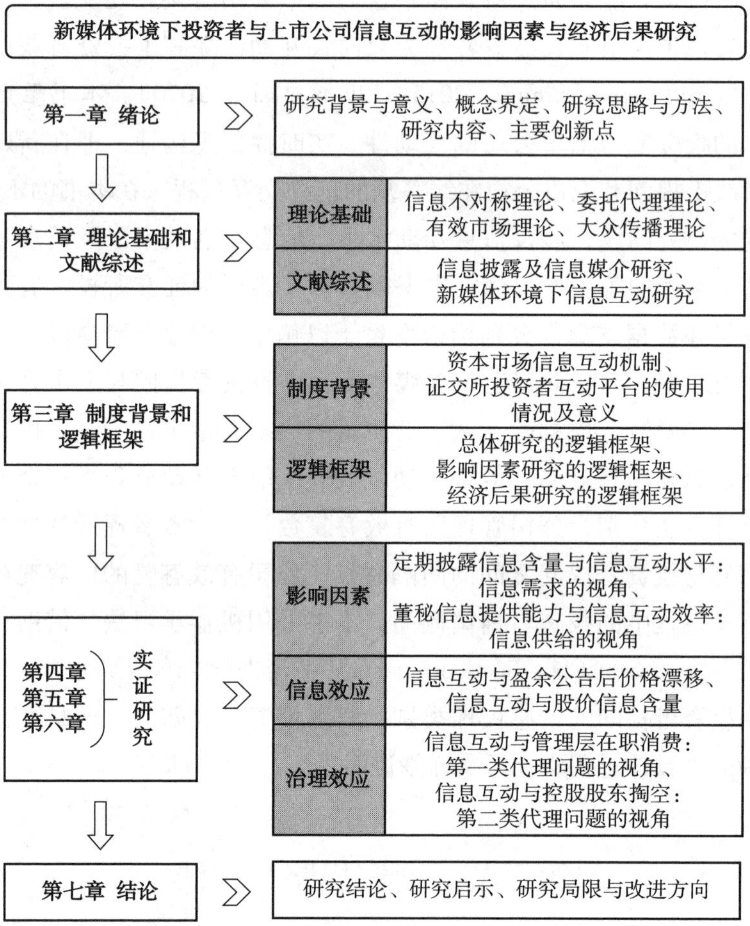

图 1-1　本书研究思路

二、研究方法

本书主要采用了文献分析、理论演绎和实证研究等方法。首先，通过文献分析界定重要的研究概念，梳理当前研究现状，阐释相关基础理论，了解研究的制度背景，而后进行理论演绎提出假设，明确核心概念之间的逻辑关系，运用实证研究方法检验假设、分析结果，最后得出研究结论。

（一）文献分析法

文献分析法的运用体现在以下三个方面：第一，搜集与新媒体、信息披露、资本市场信息互动相关的政策和案例，明确研究所基于的中国特色制度背景。第二，综合中国知网、万方数据、Web of Science、谷歌学术等多个权威中英文献数据库，以及 ResearchGate、SSRN 等知名科研网站搜集整理新媒体与资本市场领域的大量经典和前沿研究。在确定理论基础、学术观点、逻辑思路与研究方法的基础上，进行重要概念界定，归纳该领域当前研究现状，寻找本书的重点突破方向，确定研究方法和技术路线。第三，通过文献分析梳理信息不对称理论、委托代理理论、有效市场理论、大众传播理论等，确定基础理论与研究问题的契合点和支撑点。

（二）理论演绎法

本书理论分析投资者与上市公司利用新媒体进行信息互动的行为动因和经济后果，提出本书的假设预期。具体来说，理论演绎法定披露信息含量、董秘信息提供能力对新媒体信息互动水平和效率的影响；理论阐释新媒体环境下的信息互动行为如何影响盈余公告后价格漂移、股价信息含量等资本市场信息效率的重要表征，并分析信息互动效率、公司信息环境在上述关系中的情境作用，进一步理论演绎信息传递机制，即信息不对称在其中的作用机理；理论演绎新媒体环境下信息互动对内部人行为决策的监督约束作用，归纳提出舆论压力机制和联动监管机制等内在作用机理，并剖析投资者情绪倾向、公司治理环境、法治监管环境在上述关系中的情境作用。

（三）实证研究法

本书借助爬虫软件 Python2.7，抓取和存储了研究期内“互动易”和“e 互动”新媒体平台中投资者与上市公司的所有互动问答。借助百度 Senta 系统，利用大规模 Bi-LSTM 模型进行自然语言分析，判定投资者提问的情感极性类别，得到投资者提问情感倾向数据。本书手工搜集各地区市场化指数、法律制度环境指数等变量，整理公开数据库中其他研究数据，选取统计描述、相关性检验、多元回归、中介效应检验等实证方法对相关数据进行处理，检验本书提出的假设。主要实证研究过程如下：①通过描述性统计分析所需变量的均值、中位值、标准差、最大值和最小值，了解数据的基本分布情况，排除异常数据对研究结果的干扰。②使用 Pearson 相关系数检验分析主要变量之间的两两相关关系，运用 VIF 检验各回归模型的多重共线性程度，减少多重共线性导致的结果偏差。③运用事件研究法计算盈余公告后观测期的累计超额收益率，用以衡量新媒体信息互动对投资者盈余公告后滞后反应的修正作用。④构建多元回归模型，检验新媒体环境下信息互动的影响因素和经济后果，并采用更换关键变量测量方式、改变研究样本等方法确保研究结果具有稳健性。⑤利用 Heckman 两阶段、Lead-lag Change Analysis、工具变量的两阶段最小二乘估计（2SLS）等方法解决样本选择偏误、解释变量与被解释变量互为因果关系导致的内生性问题。⑥利用逐步回归法进行中介效应检验，识别信息互动提高资本市场信息效率，约束内部人利益侵占决策的作用机制。

第四节　研究内容

本书的重点在于探究新媒体环境下信息互动行为的影响因素和经济后果。全书共包括 7 章。各章内容安排如下：

第一章，绪论。本章主要介绍研究背景与意义、概念界定、研究思路与方法、研究内容以及主要创新点。

第二章，理论基础和文献综述。本章共分为两节，第一节为理论基础，对支撑本书的基础理论进行简要梳理；第二节为文献综述，对研究相关的重点文献进行回顾和评述。

第三章，制度背景和逻辑框架。本章共分为两节，第一节为制度背景，分析本书的中国特色制度背景和独特研究场景；第二节为逻辑框架，阐释总体研究及各实证研究章节的逻辑，为后文研究提供框架性的指导。

第四章，新媒体环境下信息互动的影响因素。本章分别从信息需求和信息供给的视角出发，理论分析并实证检验定期披露信息含量和董秘信息提供能力对信息互动水平及效率的影响，并进行相应的异质性研究。

第五章，新媒体环境下信息互动的信息效应。本章从信息效应出发分析信息互动的资本市场经济后果，分别理论分析并实证检验信息互动对盈余公告后价格漂移、股价信息含量的影响，检验信息互动效率、公司信息环境的异质性影响，进一步提出并检验信息传递作用机制。

第六章，新媒体环境下信息互动的治理效应。本章从治理效应出发分析信息互动的公司治理有效性，分别理论分析并实证检验信息互动对管理层在职消费、控股股东掏空两类委托代理问题的作用，检验投资者情绪倾向、公司治理环境、法律制度保护的异质性影响，进一步提出并检验舆论压力机制和联动监管机制。

第七章，结论。总结本书研究成果，归纳总结研究启示，说明研究局限与改进方向。

第五节　主要创新点

第一，本书基于证券市场新媒体环境，从信息需求诱因和信息供给动因两个维度，系统地探究了信息互动行为的影响因素，丰富了新媒体与资本市场领域的相关研究。尽管已有文献对新媒体信息披露的驱动因素进行了理论关注，但研究视角有限地集中于市场传闻、公司特征等因素，得到的研究结论不够系统、全面。本书聚焦投资者与上市公司的新媒体信息互动行为，通过分析两者的互动关系及互动过程，在明确新媒体信息互动功能定位的基础上，提出从投资者信息需求和上市公司信息供给的视角分别研究信息互动水平和信息互动效率的影响因素这一新思路。基于我国资本市场特有的新媒体环境，本书刻画了信息互动行为，并从互动答复率、互动时效性和互动充分性三个方面多角度地测度了信息互动效率。研究发现，定期披露信息含量的降低驱动了新媒体信息互动水平，而董秘的信息提供能力影响了信息互动效率。因此，本书提出了具有创新性的研究思路，即既从投资者信息需求动机的角度揭示信息互动对法定披露的补充功能，也从公司信息供给能力的研究视角验证信息发布者的重要作用，丰富和拓展了新媒体环境下市场主体信息互动的相关研究。

第二，本书从信息传递的层面提出新媒体“信息效应”假说，检验了信息互动提升资本市场信息效率的有效性，为新媒体信息互动及资本市场经济后果研究提供了新的视角和证据。当前，绝大多数文献关注传统的信息渠道，如公司法定披露抑或分析师等信息中介的作用，未对基于新媒体的信息互动机制究竟能否提升资本市场信息效率给予足够的学术关注，且未能形成一致的研究结论。本书提出新媒体使资本市场信息内容的生产和传播方式发生根本性变革，提升了投资者的信息地位和信息能力，对提升市场效率发挥了积极作用。本书从投资者信息能力和信息融入股价两个方面，利用官方新媒体平台的研究场景，全面地分析了新媒体信息互动提升市场有效性的作用机制，发现信息互动修正了盈余公告后的价格漂移现象，提高了公司的股价信息含量，并提出了信息传递机制的内在作用机理，很大程度地缓解了当前研究存在的争议。进一步地，本书探究了分析师、媒体、机构投资者等传统信息机制与新媒体信息互动机制之间的作用关系，为资本市场多项信息机制协同与市场效率提升做出了理论创新和有益探索。

第三，本书提出并论证了新媒体在资本市场中的监督治理功能，检验了市场主体信息互动在约束公司行为决策方面的有效性及其作用机制，拓展了新兴媒体、公司治理和投资者保护领域的研究。推动新媒体在资本市场的应用是我国监管机构探索市场化监管模式，开拓全民监督机制，提高公司监管有效性的重要“落点”。然而，当前研究主要围绕新媒体的信息传递和价值发现功能对资本市场的经济后果进行探讨，为数不多的文献关注新媒体的公司治理作用，但甚少揭示其中的作用机理。本书提出新媒体“治理效应”假说，发现了新媒体环境下投资者与上市公司的信息互动能够监督管理层、控股股东等内部人决策，抑制其利益侵占行为，归纳提出引发媒体负面关注（舆论压力机制）、招致监管机构问询（联动监管机制）的作用路径，并对互动过程中投资者的情绪倾向、正式治理机制等方面进行了异质性研究。因此，本书从我国上市公司普遍存在的两类委托代理问题出发，验证了新媒体的监督治理作用，为外部股东利用新媒体工具参与公司治理提供了直接和深入的证据，拓展了新媒体在资本市场中的治理角色，补充和丰富了公司治理机制和投资者权益保护的相关研究。

第二章

理论基础和文献综述

第一节　理论基础

一、信息不对称理论

信息不对称理论是资本市场和信息披露领域研究中最为经典的基础理论之一。传统的经济学观点认为，经济人可以掌握市场中完全的信息并且市场无摩擦。但在实际经济活动中，信息不完整、非均衡问题普遍存在。市场参与者拥有的信息存在差异，交易双方无法观察对方的行为或无法得知其拥有的额外信息，导致交易者从信息优势中获取利益，而从信息劣势中遭受损失。信息不对称会引发逆向选择和道德风险两类问题。其中，逆向选择是当买方处于信息劣势的情况下，会通过压低价格的方式来补偿信息不对称带来的潜在风险，低于预期价格会导致卖方宁愿出售劣质产品或终止交易。长此以往，"劣币驱逐良币"的现象在市场中盛行（Akerlof，1970）。道德风险，是指交易一方无法掌握完全信息，其正当利益可能受到另一方的侵害。例如，金融机构在与借款人签订借贷协议后，无法确定借款人是否出现违背契约的行为，擅自改变资金用途。若借款人无视契约规定将贷款用于高风险投资，则会提高信贷违约的概率，给出借人带来损失。因此，信息不对称的存在增加了交易成本，降低了资源配置效率。

对于本书，新媒体信息渠道是法定信息披露的补充机制。新媒体环境下，资本市场参与者之间的信息沟通渠道更加畅通，投资者的劣势信息地位得以改善，能够通过新的媒介形式及时、准确地获取上市公司的信息，降低信息不对称程度，从而优化资本市场的运行效率和资源配置。Bushman 和 Smith（2001）提出，信息透明度的提高有利于外部主体监督约束公司管理层的行为决策，有效避免道德风险，缓解代理冲突。因此，新媒体信息互动还可能对公司内部人的决策发挥治理作用，为本书拓展了新的思路。综上，信息不对称理论能够为信息互动影响因素及经济后果的研究提供理论依据。

二、委托代理理论

随着社会分工的出现，现代公司中的经营权与所有权发生分离，致使代理方（经营者）与委托方（所有者）之间存在冲突（Jensen and Meckling，1976），即第一类代理问题。现代公司治理实践中，所有者与经理人的目标导向、利益考量并不完全一致。经理人倾向以自身利益最大化为经营管理目标，与所有者存在较大的利益冲突。作为决策者和执行者，经理人有动机利用信息、权力优势，为谋求个人私利做出有损公司和股东利益的决策。为了保护公司权益，所有者需要付出较高的成本，完善制度设计来监督经理人的行为。此外，委托代理冲突也广泛地存在于公司大股东和中小股东之间，即第二类代理问题（La Porta et al.，2000）。在中国资本市场中，股权高度集中、治理结构失衡的问题尤为突出，大股东不能被中小股东完全监督，单方面控制公司的经营管理决策，极易发生资金占用、关联交易、违规担保等资源攫取事件，损害公司和中小股东的利益（Berkman et al.，2009）。

两类委托代理问题在新兴市场普遍存在。众多学者基于委托代理理论，对如何提高公司治理的有效性进行了探讨（Jian and Wong，2010）。例如，郑国坚等（2013）提出，面临财务困境时，大股东具有强烈的掏空动机占用公司资金，法治监管、外部审计、董事持股在一定程度上能够约束大股东的机会主义行为。罗进辉（2012）认为，传统媒体具有外部治理作用，能够减少双重代理冲突。在新媒体平台中，投资者与上市公司的信息互动能够增强投资者的信息知情权和治理参与权，通过舆论压力机制和联动监管机制产生公司治理效果。根据委托代理理论，本书从第一类代理问题和第二类代理问题的视角分别探究信息互动对管理层和控股股东利益侵占的治理作用，并分析其中的作用机理。因此，委托代理理论能够为后续章节中治理效应的研究提供恰当的理论依据。

三、有效市场理论

1970 年，美国金融学家尤金 · 法玛认为在理想的情况下，证券的价格能够充分而准确地反映投资者可获得的所有信息，形成一个“有效市场”。有效市场假说（Efficient Markets Hypothesis，EMH）具有严格的前提，包括市场不存在摩擦，交易者无须承担交易成本和税负，资产可随意分割和交易；各类市场主体可平等有效地参与到市场竞争中；市场主体均可平等地获得所有信息；市场主体是充分理性的；等等。然而，在现实中，这些前提条件过于严格，基本无法满足，即市场并非总是完全有效。根据有效性程度，市场可以被划分为三种类型：①强势有效市场。证券当前价格充分反映了所有信息，包括公开信息和非公开信息，市场上任何投资者均无法获取超额收益。②半强势有效市场。证券当前价格反映了所有公开信息，市场上任何投资者均无法根据公开信息取得超额回报。③弱势有效市场。证券的当前价格仅能反映全部历史信息，即市场上任何投资者均无法利用历史信息获取超额收益。其中，强势有效市场是资源配置效率最高的市场类型。事实上，即便是制度完善、信息披露质量较高、投资者成熟度较高的发达市场也无法达到强势有效，仍存在资源错配问题，新兴市场的有效性更需加强。

与西方国家相比，我国资本市场起步较晚，但在拓宽企业融资渠道、优化市场化资源配置、促进经济发展等方面发挥了十分重要的作用。众多学者以有效市场假说为理论基础，对我国证券市场的有效性进行了研究。王化成和岳宝宏（2009）通过考察我国上市公司的控制权转移公告引发的市场反应，提出我国股票市场尚未达到半强势有效。方红星和楚有为（2019）则认为，公司自愿性信息披露能够提高资本市场效率。针对本书，新媒体为市场参与者提供了集中、公平、便捷的信息获取渠道，能够保障投资者充分的信息知情权，增加信息供给，促进信息传播，从而有利于资本市场效率的提升。因此，有效市场理论能够为本书后续章节信息效应的研究提供相应的理论依据。

四、大众传播理论

新媒体环境下，信息传播对传播对象的心理、态度、行为产生了深远的影响。其中，大众传播领域的把关人理论、议程设置理论和沉默的螺旋理论为本书提供了理论基础。

（一）把关人理论

1947 年，美国学者库尔特·卢因提出“把关人”概念，成为大众传播领域最基础的理论之一。该理论的主要观点是，在信息传递的过程中，存在一部分把关人对信息的流动具有较高的决定权，只有符合把关人价值规范的内容才有机会被挑选进入信息渠道，得到有效传播。1950 年，怀特提出，新闻媒体并不一定保持纯粹的“客观性”和中立立场，因此新闻传播也存在“把关”问题。现实中，媒体掌控话语权和决定权，由记者、编辑等担当“把关人”角色，从社会规范、经济、政治、文化、审美等方面，甚至基于自身价值利益的立场出发，对众多的新闻素材进行筛选、加工和审核，最终决定哪些信息内容能够面向公众进行传播。“把关人”依据非中立性的规则把控舆情，信息传播表现出典型的单向线性特征。新媒体的开放性、交互性、即时性、便捷性等属性，使得信息传播主体呈现多元化和大众化，每一个个体既可以是舆论的制造者和传播者，也可以是舆论的接收者，传统把关人角色被弱化和解构。新媒体环境下，信息传播不再是固定的、单向线性的模式，公众享有平等的知情权和话语权。

（二）议程设置理论

议程设置理论最早由美国学者在《大众传播的议程设置功能》一文中提出，他们就 1968 年总统选举期间传播媒介发布的选举报道对选民的潜在影响进行了调查分析，得到的主要发现是，媒体的议程设置会改变公众对信息重要性的认识。因此，大众传播尽管无法决定和改变公众对特定事件的意见，却能通过干预相关的议程来影响公众对信息的关注顺序。基于该理论，传统媒体的议程设置极其容易影响公众对信息的筛选和认知。相比之下，在新媒体环境下，传播者通过议程设置对公众认知的影响被削弱。在信息生成和传播的过程中，大众享有平等的权利和机会。个体具有多重角色参与到信息传播中，在成为信息发布方的同时，也可扮演信息的接收者。信息网络去中介化，传播形式从单向线性转变为双向互动，甚至是网络化扩散。参与者根据自身需求不受限制地选择信息、独立思考或发表意见，弱化了传统媒体设置议程的效果。

（三）沉默的螺旋理论

沉默的螺旋理论认为，公众表达意见是一种社会心理过程。个体认为自己持有的观点与大部分人或主流观点相同时，出于社会认同的心理，会更加坚信自己的看法是合理的，此时个体更愿意去公开表达观点。当发现自己和大众的观点不同，甚至遭到质疑和批判时，个体出于被社会孤立的担忧而选择采取静默。随着互联网时代的到来，此后的研究认为在新媒体环境下，“害怕孤立”和寻求“社会认同”等前提被极大地颠覆，衍生出“反沉默螺旋理论”。基于理论观点，新媒体环境下个体更容易克服从众心理，其成为意见领袖的意识不断增强。网络平台的信息传播具有多元化、匿名性和互动性的特征，信息传播参与主体之间的关系更加平等，个体试图与多数人趋同的心态渐渐被淡化，取之以表达自我的强烈积极性。因此，基于新媒体环境，少数人甚至个体可以影响其他利益相关者，利用舆论揭示真相。

窦超和罗劲博（2020）研究认为，传统媒体由于“把关人”与“议程设置”问题的存在，其信息交流被单方面控制，导致监督功能有限，而新媒体使投资者具备更多的话语权和充分的知情权，能以相对便捷的方式公平获取信息。Zhang 和 Yang（2021）认为，投资者通过社交媒体随时对上市公司提出批评和疑问，能够引发其他利益相关者的关注，形成管理层难以控制的舆论危机。本书基于上述理论认为，在新媒体环境下，投资者拥有集中、公平、便捷的沟通渠道与公司管理层平等对话，跨越了传统渠道的“把关人”“议程设置”“沉默的螺旋”等障碍，保障了知情权和参与权，增强了信息能力和公司治理能力。因此，大众传播理论能够为本书中的经济后果整体研究提供理论依据。

第二节　文献综述

一、信息披露及信息媒介研究

新媒体环境下信息互动的本质是交互式的信息披露行为，因此本书从行为动机、影响因素、经济后果三个方面综述了信息披露领域的重要文献。此外，新媒体信息互动机制与传统信息披露模式存在较为明显的差异，因此进一步对资本市场信息媒介相关文献进行简要的梳理。

（一）信息披露的行为动机

出于缓解信息不对称、传递公司真实价值、展示正面形象等目的，企业会理性地选择进行信息披露（Myers and Majluf，1984；Healy and Palepu，2001）。本部分主要从资源获取动机、市值管理动机、合法性动机三个方面对信息披露的行为动机进行综述。

第一，信息披露的资源获取动机。信息披露最根本的动机在于缓解信息不对称问题，进而降低交易成本。根据信息不对称理论，市场存在较高程度的信息不对称，投资者难以预测公司的价值和发展潜力，会要求额外的风险补偿，导致外源融资成本升高（Merton，1987）。为了更低成本地在资本市场筹集资金，公司有动机进行信息披露（Diamond and Verrecchia，1991；Francis et al.，2005）。主动披露信息吸引投资者关注是提高信息透明度、降低市场风险预期和资本成本的有效途径（张纯和吕伟，2007）。Lang 和 Lundholm（1993）研究发现，即将发行证券的企业通常选择增加信息披露，尤其是自愿性信息披露，因此信息披露的市场评级较高。Barth 等（1997）也提供了类似的证据，融资较为频繁的公司更有动机进行社会责任信息披露。我国学者周兰和谢海强（2013）研究发现，在经济衰退期，更依赖外部融资的公司信息披露意愿更强，透明度更高。

第二，信息披露的市值管理动机。证券市场信息非均衡导致公司股票价格偏离内在价值（Healy and Palepu，2001）。信息披露是市场及投资者决策的最主要依据，可靠性较高的信息披露能够修正市场估值偏误，提高市场有效性（徐寿福和徐龙炳，2015）。业绩优良的公司为避免价值被低估，有动机采取积极的信息披露政策增强与投资者的良性信息沟通，以彰显企业的核心竞争力和投资价值（张宗新等，2005）。研究一致认为，高质量的信息披露可以加强投资者关系管理，吸引潜在投资者，起到提升股票价值（Peasnell et al.，2011）和维持市场稳定（权小锋等，2016）的积极效果。张正勇等（2012）发现，社会责任信息披露能够赢得顾客认同，塑造持续竞争优势，证实企业社会责任披露行为建立在提升企业价值这一经济动机之上。显然，信息披露也会成为公司引导市场预期、影响投资者决策，甚至进行信息操纵的工具（曾庆生等，2018）。王克敏等（2018）认为，为提高市场估值获得超额报酬，管理层会通过披露投资者难以理解的、复杂程度更高的信息来掩盖较差的真实业绩和坏消息。

第三，信息披露的合法性动机。合法性是企业从利益相关者处获取外部资源和竞争优势，提升绩效和价值的重要资本（Dowling and Pfeffer，1975；Porter and Kramer，2006）。作为社会系统中的一员，企业必须遵守社会行为规范，获得公众认同，维持合法性（Campbell，2007）。失去合法性会带来削弱消费者忠诚度、损害公司或管理层声誉、招致监管处罚等诸多不利的后果（Zhao，2012），对企业的生存和发展构成威胁。研究认为，信息披露是公司应对外部合法性压力的理性反应（肖华和张国清，2008）。沈洪涛和冯杰（2012）发现，合法性动机会对公司信息披露决策产生重要的影响，来自媒体和政府的压力显著促进了公司信息披露。Lee 等（2017）指出，为了获取合法性，维系良好的政企关系，降低政治成本，获得政府补助的公司尤其是非国有公司更倾向于披露社会责任信息。除了应对公共部门的合法性要求，来自投资者、媒体等利益相关者的压力也影响了公司信息披露行为。张正勇等（2014）发现，媒体曝光度与公司的社会责任披露正相关。Zhang 和 Yang（2021）认为，信息披露成为危机管理与合法性获取工具，当公司在社交媒体中受到投资者批评时，更可能通过披露社会责任信息挽回形象，避免声誉损失。

（二）信息披露的影响因素

对于信息披露的影响因素，已有研究主要从外部环境和公司内部因素进行研究。本书从以上两个方面对信息披露影响因素的重要文献进行综述。

第一，信息披露的外部影响因素。从外部因素来看，宏观经济环境、投资者法律保护、制度变迁等正式制度（刘峰，2001；陆正飞和刘桂进，2002；Allen et al.，2005；张正勇等，2012），以及文化、社会信任等非正式制度是影响公司信息披露的重要因素（Wang and Juslin，2009）。随着资本市场改革的深入推进，不断完善的信息披露制度是公司信息披露决策与市场信息环境的首要决定因素。李春涛等（2017）发现，中国市场引入卖空机制显著地提高了标的公司的信息披露水平，并且受到中介市场发育程度和地区法治环境的影响。刘慧芬和王华（2015）提出，公司的信息披露决策受制于市场竞争环境和经济政策，在半强制性的业绩预告背景下，行业竞争程度越强，管理层业绩预告精度与准确性越高。在新兴市场，政府掌握了一定程度的资源配置权力（Allen et al.，2005），是经济发展中不可忽视的力量。沈洪涛和冯杰（2012）认为，信息披露与政府规制相关，地方政府对环境信息披露的公开监管力度促进了辖区公司的环境信息披露。除此之外，作为重要的信息中介和外部治理机制，新闻媒体、分析师对公司的信息透明度和信息披露水平产生不同程度的影响（Zyglidopoulos et al.，2012；卢文彬等，2014）。

第二，信息披露的内部影响因素。作为公司的内部决策，信息披露更加显著地受到内部执行层面因素的激励或制约。现有公司内部因素与信息披露水平的研究主要基于公司规模、绩效水平等公司基本特征角度（Leftwich et al.，1981；Foster，1986；Meek et al.，1995；何贤杰等，2016），以及股权安排、董事会特征和管理层激励等公司治理角度（Beasley，1996；毛新述等，2013）。充分的内在动机和完善的外在激励是自愿性信息披露的驱动因素（范小雯，2006）。经验表明，规模较大的公司需要回应利益相关者的高度关注，具备较高的信息提供能力，因此更有动力对外沟通信息（Watts and Zimmerman，1986）。Meek 等（1995）发现国别和地区、所属行业、上市状况能够解释公司间信息披露水平的差异。从社会责任信息披露的视角，沈洪涛（2007）发现，公司规模、盈利能力、上市地点影响信息披露决策。信息披露是缓解信息不对称问题、保护投资者权益的关键要素。从公司治理的视角来看，信息披露行为在很大程度上取决于公司内部的治理安排（Gul and Leung，2004；尹开国等，2014）。例如，Warfield 等（1995）认为，管理层和机构投资者持股比例的提升激励他们更好地监督信息披露决策，有效缓解信息不对称。崔学刚（2004）、伊志宏等（2010）则较为全面地考察了产权性质、股权集中度、董事会规模、董事会独立性、董事会持股、高管薪酬或持股等公司治理因素对信息披露决策的影响，从而发现中国资本市场中不同的治理机制发挥了差异化的信息治理作用（方红星等，2009）。具体到信息披露相关的内部决策者，董秘、财务总监、审计委员会等公司内部人员或决策机构的专业能力、财务经历、任职经验、努力程度等特征都会不同程度地影响公司的信息透明度和信息环境（姜付秀等，2016a；潘珺和余玉苗，2017），成为近年来研究的热点方向。

（三）信息披露的经济后果

现有文献主要从市场信息效率以及资本成本方面研究信息披露的影响和作用，因此本书从这两个方面综述信息披露的经济后果。

第一，信息披露与资本市场效率。信息是价格形成的基础，而价格是引导要素资源配置的机制（魏明海等，2001）。信息决定着资本的流动和流向，影响股票市场有效性和资源配置效率（Morck et al.，2000）。Jin 和 Myers（2006）基于国家层面实证分析了会计信息与股价信息含量的关系。从公司层面，众多学者也提供了信息披露影响市场效率的经验证据（袁知柱和鞠晓峰，2008；方红星和楚有为，2019；吴秋生和郭飞，2020）。于李胜和王艳艳（2010）认为，信息竞争性披露有利于提升投资者信息能力和市场信息效率，增强了市场对未预期盈余的敏感性，降低了盈余公告后价格漂移的程度。王艳艳等（2014）认为，非财务信息披露具有较高的信息含量，能够引起分析师的关注，并改善资本市场的信息环境。何贤杰等（2018）则从网络新媒体信息披露的视角发现，上市公司通过网络新媒体披露经营类信息增加了投资者获取信息的渠道，使公司信息有效地传递给市场投资者，有利于提高市场定价效率。另有大量的文献从股价崩盘风险的角度研究信息披露的经济后果（孟庆斌等，2019）。管理层对风险信息或坏消息的掩盖会降低信息透明度，一旦负面消息累积到无法隐藏的程度，会加剧股价崩盘的风险（Hutton et al.，2009；Kim et al.，2011）。潘越等（2011）认为，公司信息不透明度越高，个股价格发生暴跌的风险也越高。叶康涛等（2015）发现，内部控制信息披露水平与股价崩盘风险呈负相关。从投资者的视角分析，投资者预期不一致是股价崩盘，阻碍市场效率提升的重要因素。丁慧等（2018a）认为，社交媒体条件下信息交互传播提高了投资者信息能力，能够减少投资者之间的意见分歧，防范股价崩盘，提升市场信息效率。

第二，信息披露与资本成本。根据 MM 理论，在完美无摩擦的资本市场中，外部资本和内部资本能够互相替代。然而，信息不对称的存在意味着这一理想情况难以达到，现实中外部融资付出的成本明显高于内部资本成本

（Barry and Brown，1985）。Myers 和 Majluf（1984）提出不完美市场下的融资优序理论，他们提出内部融资成本和外部融资成本的差别源于信息非对称性，而解决信息非对称问题的有效途径是改善公司的信息披露状况。众多的前期研究证实，信息披露水平的提升缓解了交易双方之间的信息不对称，进一步降低了外源融资成本（Diamond and Verrecchia，1991；Healy et al.，1999）。Botosan（1997）较早地提供了公司透明度与资本成本之间负相关的直接证据。Welker（1995）通过实证研究，也得到了公司信息披露与买卖价差以及债务成本之间负相关的研究结论。在新兴资本市场中，众多学者基于不同的视角对信息披露与资本成本之间的关系进行研究。曾颖和陆正飞（2006）发现，信息披露质量较高的上市公司通常具有较低的股权融资成本。张纯和吕伟（2007）提出，主动披露信息能够显著降低公司的融资成本。除了财务信息披露，非财务信息披露的作用也得到广泛的学术关注。程新生等（2012）发现，不论信息质量高低，非财务信息披露均能帮助上市公司吸引投资者关注，有利于外部融资。

（四）资本市场信息媒介研究

信息披露需经一定的信息媒介来完成。随着技术进步，信息媒介呈现多元化的趋势，传统的公司公告、媒体报道、分析师报告（Fang and Peress，2009；罗进辉和杜兴强，2014），甚至基于互联网和数字技术的搜索引擎、新媒体等都成为资本市场中有效的信息媒介（Miller and Skinner，2015；徐巍和陈冬华，2016）。赵杨和赵泽明（2018）按照投资者参与程度的差异，将公司信息披露分为陈述式和互动式两类。陈述式披露模式包括定期报告、临时公告等。信息供给方——上市公司按照法定规则，基于自身动机决定提供的信息内容；信息需求方——投资者仅能单向地、被动地接收信息，无法深度参与信息披露的过程（Cade，2018）。互动式信息披露，是指信息供需双方共同参与信息内容生产和传播的交互式披露模式，包括电话会议、实地调研、网络媒体等（Blankespoor et al.，2014；张新民等，2021）。杨凡和张玉明（2020）认为，随着信息技术的应用和市场成熟度的提高，市场参与者的信息沟通实现了“单向式信息披露—传统式信息交流—互动式信息沟通”的转变过程。单向式信息披露主要包含公司单方面发布的各类公告，传统式信息沟通以电话会议、投资者见面会、公司实地调研等为典型代表（Matsumoto et al.，2011），而互联网信息技术的发展实现了投资者与上市公司之间的互动式信息沟通（谭松涛等，2016）。据此，本书将从传统信息媒介研究、互动式信息媒介研究和基于新技术的信息媒介研究三个方面对资本市场信息媒介进行综述。

第一，传统信息媒介研究。资本市场信息媒介多元化，不同类型的媒介形式产生差异化的信息传递效果。传统地，根据既定的信息披露规则，上市公司需定期对外披露年度报告、中期报告、社会责任报告，以及发布临时公告等非定期披露满足投资者的信息需求。公司对外披露的公告文件是重要的市场信息来源，也是投资者最主要的决策依据（Botosan，1997）。高质量的信息披露发挥着缓解信息不对称问题，有效传达公司价值，提高市场资源配置效率等诸多积极作用。然而，在信息披露过程中，控股股东、管理层等内部人拥有信息披露的绝对权力，是信息生成、加工和发布的决策主体，外部投资者则处于相对劣势的信息地位，无法参与信息披露过程，只能被动地接收信息（Cade，2018）。研究发现，年度报告、中期报告等公司披露文件内容复杂（Loughran and McDonald，2014；Allee and DeAngelis，2015），文本可读性较差，存在较大的主观操纵空间，很难被市场及投资者有效解读（Li，2008；王克敏等，2018），恶化了信息环境，加剧了公司与投资者之间的信息不对称。Asay 等（2017）认为，可读性较低的公司信息披露无法为投资者提供充分的决策依据，从而提高了投资者对其他信息来源的需求。

由于投资者信息能力和注意力的有限性，分析师、媒体等市场中介的信息功能得到广泛关注。通常认为，与普通投资者相比，证券分析师具备丰富的专业知识和经验，可以深度挖掘和准确处理信息，有助于减小定价偏误，进而优化市场信息效率和资源配置（Gleason and lee，2003）。然而在新兴市场中，分析师是否真正具有专业信息能力一直被质疑。一些研究发现，我国分析师信息挖掘和解读能力有待加强，未能向投资者提供增量的信息（丘心颖等，2016；程新生等，2020）。另外，为维持同管理层的关系、获得公司内部消息，分析师的决策会受到管理层的引导，选择性地回避或拖延坏消息（McNichols and O'brien，1997），倾向于发布更乐观的盈余预测（Ke and Yu，2006；吴超鹏等，2013）。在信息时代，媒体扮演着不可或缺的角色，极大地降低了信息的搜集成本。我国资本市场中媒体的信息功能被广泛认可，对信息的搜集与扩散发挥着关键的中介作用，被认为是市场重要的信息媒介（李培功和沈艺峰，2010；罗进辉和杜兴强，2014）。大量研究表明，媒体关注能够缓解公司与投资者之间的信息不对称，扩大交易规模，降低信息风险和市场摩擦，提高市场运行效率（Fang and Peress，2009；Bushee et al.，2010）。此外，媒体还有助于提高公司的治理水平，对上市公司的行为决策起到监督作用（Dyck et al.，2008；罗进辉，2012）。然而，媒体对市场信息具有选择性（Lim，2001；Miller，2006），"把关人"与"议程设置"等问题的存在，致使媒体传递的信息容易受到引导或控制（窦超和罗劲博，2020），导致媒体信息偏差（孔东民等，2013）。

第二，互动式信息媒介研究。本书中的互动式信息媒介主要是指传统形式的信息交互机制，典型代表是电话会议、实地调研等。互动式信息媒介使信息供需双方以直接或间接的方式交流，同时参与到信息内容的生产和披露过程中。与传统信息媒介相比，互动式信息媒介因信息需求方的主动参与，所传递的信息具有较高的决策价值（Matsumoto et al.，2011）。Tasker（1998）认为，当公司的财务报告难以全面地反映公司的业务和经营信息，公司价值更依赖于创新活动或难以观测的业务时，管理层会较多地采用电话会议沟通信息。电话会议的问答互动环节提供了更多的信息，有助于降低信息不对称程度（Matsumoto et al.，2011）。与电话会议等媒介相比，实地调研实现了信息需求方与信息供给方的零距离互动，成为投资者获取市场信息的重要渠道。研究认为，实地调研发挥深度的信息挖掘作用，帮助市场参与者增强信息优势（孔东民等，2015），增加了市场中公司的基本面信息，提高了市场信息传递的及时性（Cheng et al.，2016；Cheng et al.，2019）。随着研究的逐渐深入，学者们还揭示了实地调研在公司治理上的有效性（Jiang and Yuan，2018；卜君和孙光国，2020）。尽管电话会议、实地调研等信息渠道实现了外部主体与公司管理层的互动沟通，但主要参与者是具有较强信息优势和治理能力的机构投资者或券商分析师，信息披露的范围和效果相对有限（肖斌卿等，2017）。例如，Mayew（2008）发现，管理层会策略性地挑选"友好型"分析师参与电话会议的互动环节，从而实现对信息的管控。

第三，基于新技术的信息媒介研究。随着移动互联、数字技术等新一代信息技术的广泛应用，微信、微博、股吧论坛等网络平台成为市场参与者沟通信息的新型渠道，深刻地重塑了资本市场的信息交互机制（Lee et al.，2015）。Miller 和 Skinner（2015）提出，信息技术的变革催生了新的媒介渠道或形式，对资本市场信息的生成、披露、传播和利用产生了重要的影响。当资本市场信息数量和内容日渐庞杂时，信息使用者面临的信息搜寻和解读成本提高。较早地，基于信息技术的 XBRL 信息披露标准得到了中外学者的广泛关注。这一基于信息技术的披露模式简化了会计信息在投资者、分析师以及监管部门之间的传递，提升了信息传递效率，降低了信息处理成本，并改善了公司信息环境（Kim et al.，2016）。随着互联网成为信息传播的重要载体，越来越多的市场参与者使用网络搜索引擎获取信息。与传统媒介相比，互联网中的信息传播节约成本、更具时效性，拥有更庞大的受众和更强的影响力。其中，最为典型的互联网搜索行为得到了学者的广泛研究。已有文献认为，互联网搜索行为反映了投资者的注意力和信息需求（Drake et al.，2012），并对股票市场的流动性具有良好的解释和预测效力（Nancarrow et al.，2002）。随着信息技术对资本市场的进一步渗透，基于新媒体技术的微信、微博、网络社区、股吧论坛等互动式平台给资本市场的信息提供与传播带来了更为重要的影响。上市公司通过新媒体进行信息披露，以及投资者利用新媒体进行信息搜寻的行为引起了学术界的关注。一方面，新媒体“裂变”的传播方式保证了信息披露的时效性、低成本和广泛性，使信息在资本市场的传递范围不再面临局限（Blankespoor et al.，2014）。徐巍和陈冬华（2016）认为，新媒体渠道提高了信息的及时性，降低了信息获取成本，有利于信息扩散传播，提高市场运行效率。另一方面，新媒体畅通了维权渠道，赋予市场参与者或“草根”群体更大的主动权和话语权，极有可能改变交易双方的信息地位，增强公司治理的参与度和治理能力（郑国坚等，2016）。

二、新媒体环境下信息互动研究

随着新媒体成为资本市场信息传播重要的渠道，新媒体信息披露及互动行为开始吸引国内外学者的广泛关注。为更加契合本书的研究问题，本书将从信息互动的行为特征、影响因素和经济后果三个方面进行相关文献综述。

（一）信息互动的行为特征

新媒体不仅改变了经济社会生活中信息的传播方式，也变革了资本市场的信息披露机制，使市场主体之间的信息交流模式从单向式转变为互动式（Miller and Skinner，2015）。市场参与者通过新媒体进行信息互动已经成为资本市场的普遍现象。当前文献更多地集中在探究新媒体信息披露或互动的行为特征。例如，Blankespoor 等（2014）认为新媒体可以帮助公司更加直接、精准地向用户传递信息，研究发现美国上市公司会通过 Twitter 平台推送新闻报道的链接来进一步扩大信息传播范围。Ramananda 和 Atahau（2019）以印度尼西亚上市公司为样本，研究了公司利用社交媒体与外部利益相关者沟通社会责任信息的程度，发现印度尼西亚上市公司尚未大规模地利用新媒体进行社会责任披露，且披露的信息以员工培训、教育和技能提升等内容为主，信息数量也明显低于年报中的强制性信息披露。基于中国资本市场情境的研究则有不同的发现。我国上市公司通过官方网站、微博、微信、投资者互动平台等新媒体进行信息披露的现象十分普遍。何贤杰等（2016）分析了我国上市公司利用新浪微博发布信息的情况，较早地对新媒体信息披露进行研究。他们发现，相当数量的上市公司开设了微博并发布了与经营活动密切相关的信息。在微博披露的信息中，约 84%的内容未经公司正式公告披露，表明公司通过微博与利益相关者沟通了有决策价值的信息。朱梦楠等（2020）以东方财富股吧论坛为例，发现投资者在股吧中的发帖量和活跃用户的数量从 2010 年到 2018 年实现了巨大的跃升，且投资者在股吧论坛中关注的信息呈现多样化特征，涉及股票价格、机构动向、国际环境和关系，以及公司财务状况等多个方面。张淑惠和陈珂莹（2020）通过 LDA 主题模型分析了投资者互动平台中的提问文本，将投资者关注的信息类型识别和量化为状态性和故事性两类。

（二）信息互动的影响因素

对于新媒体环境下市场主体信息互动的影响因素，少量文献提供了较为有限的认知。何贤杰等（2016）重点关注新媒体信息披露，从股权集中度、董事会独立性、董事会成员持股比例等公司治理特征出发，较早地考察了上市公司开设微博意愿以及发布自愿性信息披露的影响因素。孙彤（2020）将微博信息披露视为一种非正式信息机制，提出当公司面临较为严重的信息不对称问题时，需要通过非正式信息机制向市场传递信息，企业家因而更倾向于开设微博进行自愿性披露。相较于年龄较大的企业家，年轻企业家更乐于接纳新鲜事物、具有更强的信息搜集和分析能力，更愿意通过个人微博进行信息披露。此外，出于通过非正式机制建立公民信任、树立良好形象等目的，民营上市公司的企业家发布微博的概率更高。王铁军（2020）较早地关注到新媒体环境下投资者与上市公司的信息互动行为及其动机，建立单期与多期动态博弈模型发现，投资者提问涉及的有利信息与负面信息均能促进上市公司与投资者在网络平台进行互动，但有利信息对公司互动积极性的作用比负面信息更强，可能是因为负面信息与有利信息对投资者决策的影响是非对称的。赵杨和赵泽明（2018）提出，当前新媒体信息披露及互动行为的影响因素研究尚有很大的探索空间，当前研究的分析场景局限于微博等娱乐性平台，缺乏以其他官方社交媒体、网络互动平台为实验场景的研究，并且现有研究更多地专注于信息供给方视角，缺乏从信息需求方及供需双方互动视角的系统地考察行为动机和影响因素。

（三）信息互动的经济后果

近年来，新媒体环境下资本市场主体信息互动领域的研究逐渐转向对经济后果的探讨。一方面，新媒体具有重要的信息传播、扩散功能，使公司信息披露方式发生根本性变革（Elliott et al.，2020），提高了资本市场的信息传递效率（谭松涛等，2016）；另一方面，新媒体的出现增强了外部股东的话语权和影响力（Cade，2018），从而可能影响公司的行为决策。基于此，当前对资本市场新媒体信息互动经济后果的研究主要从资本市场效率和公司行为决策两个方面展开。

第一，信息互动与资本市场效率。现有文献较多地基于新媒体的信息传递和价值发现功能，探究信息互动所产生的资本市场经济后果。

首先，新媒体中投资者与上市公司的互动信息可以预测公司盈余或业绩、股票市场表现（段江娇等，2017；Bartov et al.，2018；Elliott et al.，2020）。徐巍和陈冬华（2016）检验了上市公司通过微博发布信息对股票表现的影响，发现微博信息披露会带来当日股票超额回报和超额交易量的增加。岑维等

(2014) 以深圳证券交易所“互动易”平台为场景，研究发现，投资者对上市公司的关注程度与股票收益率呈正相关，关注度越高，股票流动性越好，且收益波动性越低。孟庆斌等（2020）发现，深圳证券交易所“互动易”平台中投资者提问和上市公司答复的负面语气能够预测股票未来超额收益和异常盈余，在一定程度上说明互联网沟通有效传递了公司信息，具有较高的信息含量。

其次，上市公司在新媒体平台中与投资者进行信息互动可以影响投资者心理或决策行为。Lee 等（2015）探究了公司如何利用新媒体管理舆论来降低危机事件带来的不利影响。他们发现，当公司发生产品召回事件时，利用 Facebook 和 Twitter 等社交媒体与公众互动的公司可以避免股价遭受更大的下跌。Cade（2018）认为，新媒体为市场参与者提供了公开发表意见的机会，可能引发舆论危机。他发现，面对 Twitter 中的负面消息，管理层采用一定的沟通策略回应公众质疑可以降低负面舆论的不利影响，引导投资者决策。张继勋和韩冬梅（2015）实验研究发现，互动过程中上市公司回复的及时性和明确性决定了决策有用性，进而影响投资者满意度，从而影响投资决策。Miller 和 Skinner（2015）认为，新媒体的舆论走向很难被管理层控制，公司相关的不利信息会在资本市场中迅速扩散，从而对公司经营和声誉造成威胁。

最后，新媒体环境下投资者与上市公司的信息互动给资本市场的信息环境和信息效率带来一定的影响（孟庆斌等，2020）。新媒体中的信息传递具有实时性、互动性、开放性等显著优势，能够带来增量的信息供给，提高投资者信息获取和解读能力（丁慧等，2018b），并提高盈余预期的准确性（谭松涛等，2016）。Blankespoor 等（2014）发现，公司通过社交媒体渠道披露信息有助于降低信息不对称和股票买卖价差，增加市场深度。丁慧等（2018a）发现，使用上海证券交易所“e 互动”平台增强了投资者信息获取和解读能力，能够缓解意见分歧，降低股价崩盘风险。孟庆斌等（2019）利用“互动易”平台数据得到了相同的研究结论。胡军等（2016）、黄宏斌等（2019）认为，新媒体信息是分析师决策的重要依据，他们发现微博信息披露能够提高分析师盈余预测的准确性。然而，一些研究得到了不同的结论。黄宏斌等（2021）认为，自媒体不仅为投资者提供价值相关信息，还混杂着大量的噪声信息，这些信息显著降低了投资者的盈余反应系数。杨凡和张玉明（2020）发现，尽管新媒体平台中投资者与上市公司的网络互动吸引了更多分析师的跟进关注，但噪声干扰加剧了盈余预测分歧度，降低了预测准确性。因此，在我国新兴资本市场情境下，新媒体信息互动究竟能否提高资本市场信息效率还未得到一致的结论。从融资的角度，岑维等（2016）发现，投资者与上市公司的网络互动等缓解了信息不对称，进而降低股权融资成本，与信息披露质量存在替代效应。类似地，高敬忠等（2021）发现，上市公司和投资者通过网络平台进行互动能够缓解信息不对称和融资约束，扩大企业外源融资规模。张新民等（2022）认为，信息技术变革时代下的企业信息披露呈现双向互动的特征，发现信息互动能够降低股权资本成本，增加商业信用融资，但对银行信贷的获取没有产生积极影响。

第二，信息互动与公司行为决策。新媒体赋予投资者等外部主体话语权和影响力，对公司形成潜在的舆论监督压力。近两年，少量文献开始将新媒体信息互动研究拓展到公司治理领域（朱孟楠等，2020）。Zhou 等（2020）以微博为研究场景，认为新媒体中的投资者关注是一种有效的外部治理机制，能够对公司违规行为施加监督。当公司发布违规公告后，微博中投资者注意力的增加对管理层造成舆论压力，迫使其尽快采取行动纠正违规行为。Ang 等（2021）认为，社交媒体能够汇集群体智慧，揭示价值相关信息，从而有利于公司治理。研究发现，个人投资者在社交媒体中的负面发声提高了主并方撤销价值减损的并购决策的可能性。互联网时代下，随着信息渠道的日益畅通，我国中小股东的维权意识和维权能力增强，更可能借助新媒体渠道辨别乃至制衡内部人的机会主义行为（郑国坚等，2016）。窦超和罗劲博（2020）较早地对新媒体的治理作用进行实证研究，认为新媒体帮助中小股东构建利益联盟制衡高管对其权益的侵害，发现中小股东网络发声增强了高管业绩薪酬的敏感性。朱孟楠等（2020）构建了新媒体中小股东信息交互网络，发现处于网络中心的公司股价崩盘风险更低，验证了中小投资者通过新媒体舆论加强了监督治理，而不仅是借助网络渠道扩散非理性情绪。然而，与该研究结论相反，江轩宇等（2021）以东方财富网股吧为场景，发现网络舆论关注对企业产生了较强的市场压力，削弱了管理层在创新活动上的积极性，导致企业的创新绩效降低。

由于投资者对企业会计信息投入了额外的注意力，因此这一领域的其他文献集中探究新媒体信息互动对企业会计信息质量的治理作用。例如，王丹等（2020）认为，社交媒体健全了“用嘴投票”的投资者参与机制。从管理层自愿性业绩预告的角度，发现投资者参与股吧交流越多，公司管理层越倾向自愿披露盈余预测，并且对业绩下滑等坏消息的披露也将更加及时。基于互联网信息环境治理的政策背景，孙鲲鹏等（2020）发现，上市公司股吧交流的活跃度与盈余管理程度呈负相关，并揭示了资本市场惩戒和规避监管风险是社交媒体影响会计信息质量的主要途径。张淑惠和陈珂莹（2020）进一步对投资者互动平台中投资者的提问进行文本内容分析，发现投资者对不同类型信息的关注对会计信息质量发挥了差异化的治理作用。罗劲博和熊艳（2021）认为，社交媒体为中小股东提供了“在线发声”的平台，通过分析雪球股票论坛中的发帖，他们发现中小股东在线讨论显著提高了公司的会计稳健性，揭示了社交媒体对会计信息的治理价值。综合上述研究可以发现，新媒体环境下投资者通过信息互动参与公司治理的作用未得到深入分析，其能否有效抑制内部人利益侵占决策、保护股东合法权益也没有获得系统研究和一致结论。

三、文献评述

梳理相关文献发现，尽管国内外学者在资本市场信息披露、市场信息媒介、新媒体信息互动等领域提供了较为丰硕的研究成果，但仍有以下四个方面有待补充和完善。

第一，缺乏对数字化与资本市场监管融合的认知以及新媒体环境下市场投资者与上市公司互动行为的研究。从已有文献来看，当前资本市场信息披露的研究重点绝大多数集中在传统渠道下的年度报告、社会责任报告等强制性或自愿性信息披露，或以电话会议、实地调研为主要形式的信息互动上，对新媒体信息媒介的研究较少，聚焦信息互动行为的研究更为缺乏。此外，对于资本市场信息媒介研究领域，分析师、传统媒体等信息中介的作用得到了广泛的关注和深入的研究，但新兴媒体在资本市场的应用及其潜在作用缺乏系统的分析。正如 Miller 和 Skinner（2015）所呼吁，信息技术变革和新兴媒体的出现改变了资本市场信息的生成、传播和处理方式，重塑了市场信息环境，然而理论研究远落后于经济实践。基于此，本书对基于新媒体的信息互动机制予以关注，系统地探究信息互动行为。

第二，新媒体场景下信息互动的因素或机制的研究不够系统。当前为数不多的研究较为零散地探究了利空或利好消息、董事会效率等因素对新媒体信息互动的影响，但以上研究未能充分结合信息互动关系和互动过程，导致研究思路不够系统，提供的理论观点和经验证据具有局限性、碎片化的特点。从资本市场的实践以及监管部门的立场来看，新媒体环境下投资者与上市公司的信息互动是公司法定信息披露的重要补充，是市场参与者寻求其他途径满足信息需求的体现。此外，作为信息互动重要的参与方，公司信息发布者（董秘）的特征会对信息互动效率产生影响。基于此，本书考虑投资者的信息需求动机和公司的信息供给能力，分别探究定期披露信息含量、董秘信息提供能力对信息互动水平和效率的影响，试图为新媒体信息互动的影响因素研究提供较为全面的思路和证据。

第三，缺少对新媒体环境下信息互动行为的资本市场经济后果、情境因素及作用机理的深入分析。从为数不多的新媒体信息互动的文献来看，大部分研究关注新媒体的信息传递和价值揭示功能，检验了新媒体环境下信息互动对投资者决策、股票收益率等方面的作用，但缺少对股价信息含量等资本市场信息效率及情境因素的完整而一致的认知。对于新媒体发挥治理效应的机理，现有研究也缺少深入系统的分析。当前极为有限的文献即使关注新媒体的治理效能，也主要聚焦于并购决策、管理层薪酬业绩敏感性等方面，没有全面地从投资者权益保护的视角揭示信息互动对两类代理冲突的抑制效果及其可能的作用机制，更未能结合投资者情绪倾向予以深入分析。基于此，本书将拓展新媒体在市场信息效率、公司行为决策中的潜在作用，并深入地揭示其中的情境因素和作用机制。

第四，缺少理想的新媒体研究场景准确观测和计量投资者与上市公司的信息互动关系。从新媒体与资本市场的研究文献来看，国外研究大多以 Facebook、Twitter 两大社交媒体平台为场景，国内研究大多以新浪微博、东方财富网、雪球网等新媒体平台为场景，对公司的新媒体信息披露进行观测。然而，此类研究场景存在以下缺陷：首先，娱乐性、非官方新媒体平台中的活跃用户涵盖消费者、分析师、媒体、公众甚至政府等多重角色，无法区分市场主体的类型，难以准确剥离并观测投资者与公司之间的互动行为（Zhang and Yang, 2021)，给研究带来较大的噪声；其次，上述新媒体中的信息互动受到监管约束的程度较低，市场参与者双向信息交互的过程不完整，且信息的准确性、专业性存疑，这也是现有文献研究结论不一的重要原因。为此，本书以深圳证券交易所和上海证券交易所官方建立的“互动易”和“e互动”新媒体平台为研究场景，能够较好地规避上述问题，得到较为可靠的研究结论。

第三章

制度背景和逻辑框架

第一节 制度背景

一、资本市场信息互动机制

（一）资本市场信息互动机制的制度背景

在市场经济体制中，解决资本供求矛盾，提供资本融通渠道，实现资源有效配置是资本市场的基本目标。信息决定着资本的流动，在影响资源配置的过程中发挥核心作用，是市场有效性的重要先决因素（Fama，1970）。在借鉴美国等西方发达国家较为成熟的信息制度的基础上，我国证券市场历经30多年的迅猛发展、变迁以及重大改革，一系列较为完善的信息披露制度相继颁布并实施。然而，中国股市仍然被认为效率偏低（叶志强等，2013）。在过去较长时期内，我国投资者保护制度性缺失，信息非均衡问题仍然广泛存在，导致市场监管失效和要素资源错配。充分发挥好资本市场枢纽功能，离不开有效的信息流通。

从世界范围来看，信息不对称引发利益侵害的现象普遍存在，且在投资者法律保护薄弱、公司治理质量较低的新兴市场尤为严峻（La Porta et al.，2000；Allen et al.，2005）。治理机制不健全，高度集中的股权结构是中国上市公司的典型特征（Jiang et al.，2010；吴育辉和吴世农，2011）。管理层出于利益谋取或声誉缔造等动机，大肆进行在职消费、过度投资、违规交易等活动，大股东则利用自身在董事会中的权力优势，控制重大经营决策，通过资金占用、违规担保等手段攫取资源，践踏外部股东利益。在震惊资本市场的康某药业案例中，曾被看好的千亿元市值白马股在2016—2018年大搞“数字游戏”，实施巨额财务欺诈，实际控制人、大股东及关联方侵占百亿元资金，给中小投资者带来了巨额损失。另有账面资金百亿元却深陷债务危机的康某新在2015—2018年虚增利润百亿元之多，公司资金被大股东占用，最终触发强制退市。此类案件只是冰山一角，严重破坏了市场生态，不利于中国资本市场的健康发展。

健全治理机制，提升上市公司质量，保障投资者利益，服务实体经济发展成为我国资本市场监管部门亟须重视和解决的问题。然而，我国股东的权益保护面临着困境和局限，外部股东通常处于“边缘化”的弱势地位，盲目跟风决策，抑或扮演“沉默的羔羊”角色，最终沦为损失的承担者。Bainbridge（2005）认为，信息知情权不足加剧了股东参与公司治理的困境。近年来，随着互联网时代下法治环境的改善以及信息渠道的日益畅通，外部股东维权意识逐渐增强，有机会借助网络等新媒体渠道形成利益同盟并联合制衡大股东，更容易辨别和制约内部人对自身利益的侵害（郑国坚等，2016）。

（二）证交所投资者互动平台的建立

《资本市场信息化建设总体规划（2014—2020）》文件中明确提出，“全面建设世界一流的资本市场信息系统”，要求“建立统一的市场信息披露平台，便于投资者及时获取各个市场、各种类型的信息披露公告，满足各类投资者对信息披露日益增长的需求”。2018年，中央经济工作会议指出，“资本市场在金融运行中具有牵一发而动全身的作用，要通过深化改革，打造一个规范、透明、开放、有活力、有韧性的资本市场”。2021年中共中央办公厅、国务院办公厅发布了《建设高标准市场体系行动方案》，提出“完善投资者保护制度”“加强资本市场监管”“发挥舆论监督作用”等具体要求，强调推进要素资源高效配置。在新发展阶段，资本市场更加肩负着发挥市场化资源配置和健全完善激励约束机制的重要使命。作为市场运行的基础要素，信息影响市场效率，健全的信息机制和畅通的信息渠道对优化资源配置具有决定性作用。因此，资本市场信息披露或信息机制改革是促进资本市场健康发展、实现经济高质量发展的重要方向。

近年来，随着市场成熟度的提高，各类信息机制不断完善，信息披露和互动水平逐渐增强。例如，就法定信息披露而言，2021年全面实施修订或新发布的《金融工具确认和计量》《金融工具列报》《收入》《租赁》等多项会计准则，提高上市公司会计信息披露质量。此外，证券分析师、新闻媒体等各类市场中介逐步成熟，网络新媒体等信息媒介不断发展和涌现，有效地促进了各类市场主体的信息沟通，提高了资本市场的运作效率。根据信息流动方式的差异，资本市场中主要的信息媒介可分为单向式传递媒介和双向式互动媒介两种，如图 3-1 所示。其中，单向式传递媒介包括上市公司定期公告、临时公告等信息披露文件，证券分析师和传统新闻媒体；双向式互动媒介以电话会议、实地调研、（网络）新媒体等互动性信息渠道为代表。如前所述，单向式传递媒介中，公司管理层是信息披露的决策主体，投资者不参与信息披露过程，仅能被动地接收信息。在“把关人”和“议程设置”的情况下，分析师、新闻媒体往往选择关注有利益关系的公司，甚至与管理层合谋产生信息偏差，限制了外部股东公平地享有信息知情权（Miller，2006）。电话会议、实地调研等互动媒介更多地服务于大型机构或券商分析师，同样存在被管理层把控或引导的可能性，无法解决信息非均衡问题（Frankel et al.，1999）。

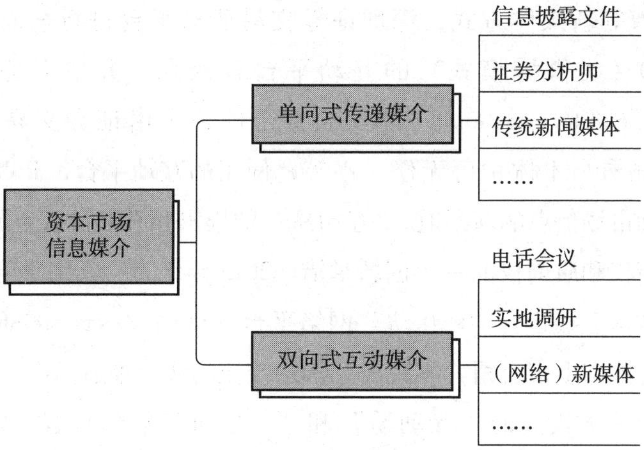

图 3-1　资本市场主要的信息媒介

近年来，互联网、数字技术等现代信息技术带来资本市场新变革，使市场参与者之间的信息传递真正意义上转变为双向式互动。作为信息传播的重要载体，Twitter、Facebook、微博等新媒体也被越来越多的资本市场参与者使用。具备实时性、互动性、开放性的新媒体在资本市场信息披露中展示出得天独厚的优势，信息网络逐步去中介化、去中心化，“裂变式”“交织化”“网络化”的信息传播方式保证了信息的及时性和影响力，降低了信息使用者搜集获取信息的成本，提高了信息获取效率（罗劲博和熊艳，2021）。在这一背景下，各国资本市场监管机构也积极探索运用现代信息技术手段为市场主体建立公平、集中、便捷的沟通渠道。

无论是在资本市场发展较为成熟的西方国家，还是在新兴市场国家，新媒体对资本市场信息传递的作用都引起了监管层的认可和重视。2013 年 4 月 2 日，美国证券交易委员会明确公告允许上市公司在遵守公平披露规则（Regulation Fair Disclosure）的情况下使用 Twitter、Facebook 等社交媒体披露重要信息。随着证券市场迈入互联网时代，在新媒体与资本市场信息披露的应用实践中，我国有区别于西方市场的独特的制度设计。2010 年 1 月，为搭建规范、直接的市场交流和沟通平台，深圳证券交易所正式推出上市公司投资者关系互动平台，并出台相关文件为市场主体使用平台各项功能和服务提供具有针对性、操作性的指引。2011 年 11 月，利用互联网先进技术并借鉴微博等新媒体方式，深圳证券交易所对平台进行全面升级，推出基于 Web2.0（类微博模式）的互动平台升级版，并取名为“互动易”（http：//irm. cninfo. com. cn/）。该平台系全球首个由证券交易机构官方承建，各类市场参与主体均可无偿、平等地使用的互动平台，开辟了投资者获取充分、准确市场信息的新渠道。“互动易”的推出和升级被认为是监管机构保护投资者知情权和质询权的一大创新举措。2013 年 7 月，上海证券交易所采用新媒体开发技术上线运行“e 互动”网络平台（http：//sns. sseinfo. com/），建立了投资者与沪市上市公司“零距离”沟通交流的线上渠道。

由证交所官方设立的“互动易”和“e 互动”平台具有一定的权威性，市场参与主体的信息互动行为必须遵守法律法规、证交所业务规则以及互动平台的有关规定。根据规定，投资者享有访问平台网站和浏览、查询信息的权利，可以实时向上市公司提出咨询和建议，查阅反馈以及其他投资者与上市公司的互动内容。证交所要求上市公司充分关注互动平台的相关信息，授权专人查看投资者的提问和建议，及时回应投资者需求和诉求，同时确保发布信息的真实、准确、完整和公平。证交所将互动平台纳入监管体制，对上市公司在互动平台中回答问题和履行信息披露义务的情况予以考核。同时，为避免信息披露不公平现象，监管机构对公司在平台中发布的信息范围进行了明确限定。从证交所的相关文件和公告可以看出，互动平台的设立具有重要的监管定位。第一，通过利用互联网技术、数字技术，为投资者、上市公司及各类市场参与主体搭建集中的交流和沟通平台，“建立便捷、公平的直接沟通渠道，保障投资者知情权和质询权”，从而实现投资者与上市公司的良性互动，帮助投资者全面地获取和解读及时、专业的市场信息。第二，在“互联网+监管”的背景下，投资者互动平台的建立具有明确的监管目标。通过互动信息提供的监管线索，监管人员可以及时了解市场主体关注的问题，有针对性地采取监管措施，提高公司监管的有效性，成为证交所探索市场化监管、实现全民监督的重要工作机制。

二、证交所投资者互动平台的使用情况及意义

（一）投资者互动平台的使用情况

互动问答是“互动易”和“e互动”平台为市场参与者提供的最基本、最重要的服务功能。互动平台的问答板块用户活跃度最高、信息互动性最强，本部分对其信息互动情况从时间和行业上进行了统计分析。

1. 信息互动的时间分布

表3-1列示了2010—2020年“互动易”和“e互动”平台中信息互动的时间分布情况。从数量来看，自“互动易”平台2010年上线至2015年，投资者与上市公司互动活跃度呈现较快增长，2016年开始有所回落，保持稳定，2020年又上升到较高水平。截至2020年底，“互动易”中投资者提问总计约319.18万次，上市公司答复总计约304.71万次。从答复比例来看，深圳市上市公司非常重视与投资者互动，超95%的投资者提问能够得到管理层的答复。“e互动”平台中投资者与上市公司的互动程度整体上保持波动上升的发展趋势，累计投资者提问约48.53万次，上市公司答复约40.66万次，答复比例达到83.78%。由此可见，近年来我国投资者和上市公司愈加重视利用互动平台与信息需求者进行沟通，信息环境得到了较大改善。

表 3-1　信息互动的时间分布

年份	深圳证券交易所“互动易”			上海证券交易所“e 互动”		
	提问数（万次）	答复数（万次）	答复比例（%）	提问数（万次）	答复数（万次）	答复比例（%）
2010	1. 89	1. 76	93. 12	—	—	—
2011	6. 14	5. 94	96. 74	—	—	—
2012	14. 68	14. 23	96. 93	—	—	—
2013	32. 61	31. 73	97. 30	1. 28	1. 06	82. 81
2014	48. 17	46. 82	97. 20	3. 14	2. 63	83. 76
2015	52. 09	49. 87	95. 74	4. 90	3. 60	73. 47
2016	41. 46	39. 60	95. 51	3. 75	3. 10	82. 67
2017	35. 02	33. 33	95. 17	8. 04	6. 86	85. 32
2018	26. 62	24. 79	93. 13	8. 88	7. 58	85. 36
2019	24. 31	22. 70	93. 38	6. 32	5. 48	86. 70
2020	36. 19	33. 94	93. 78	12. 22	10. 35	84. 70
合计	319. 18	304. 71	95. 47	48. 53	40. 66	83. 78

2. 信息互动的行业分布

表 3-2 列示了互动平台中信息互动的行业分布情况。从总数来看，投资者提问数量和答复数量在不同行业之间存在很大差异。从均值来看，信息传输、软件和信息技术服务业平均每家公司每年收到投资者提问 188. 98 次，其次是文化、体育和娱乐业，原因在于上述行业中的上市公司信息不透明度通常较高，投资者的信息需求更高（李昊洋，2018）。从答复比例来看，各行业上市公司对投资者提问的答复比例较为平均，均保持在 90% 以上，表明不同行业的上市公司均较为重视通过新媒体平台与投资者进行信息互动。

表 3-2 信息互动的行业分布

行业	提问数（万次）	均值（次）	答复数（万次）	均值（次）	答复比例（%）
农林牧渔业	4.46	114.65	4.28	110.07	95.96
采矿业	6.20	98.81	5.62	89.69	90.65
制造业	251.56	133.93	236.64	125.99	94.07
电力、热力、燃气及水生产和供应业	5.24	62.77	4.85	58.08	92.56
建筑业	7.41	101.54	6.91	94.66	93.25
批发和零售业	12.78	92.71	11.77	85.39	92.10
交通运输、仓储和邮政业	3.87	50.88	3.62	47.59	93.54
住宿和餐饮业	1.08	102.62	1.01	96.15	93.52
信息传输、软件和信息技术服务业	37.40	188.98	35.12	177.44	93.90
金融业	3.97	66.01	3.73	62.03	93.95
房地产业	11.49	98.93	10.58	91.11	92.08
租赁和商务服务业	5.62	153.57	5.39	147.28	95.20
科学研究和技术服务业	2.89	95.21	2.75	90.49	95.16
水利、环境和公共设施管理业	3.54	102.66	3.40	98.60	96.05
居民服务、修理和其他服务业	0.04	34.31	0.04	32.62	95.07
教育	0.28	106.92	0.25	97.46	89.29
卫生和社会工作	0.67	101.27	0.62	94.32	92.54
文化、体育和娱乐业	5.92	156.94	5.70	151.26	96.28
综合	3.31	152.04	3.04	139.26	91.84
合计	367.73	—	345.32	—	93.91

（二）投资者互动平台的资本市场意义与价值

投资者互动平台是证券市场进入互联网时代的重大创新，是资本市场全面深化改革的重要缩影，为各类市场参与者搭建了集中的沟通平台，对促进资本市场发展具有重要的意义和价值。

第一，提高信息披露效率，确保投资者知情权。在法定披露之外，投资者同上市公司保持有效、持续沟通的需求愈加强烈。互动平台建立后，投资者拥有与上市公司低成本沟通交流的网络渠道，不再仅是被动地接收公司单方发布的公告，而是可以与公司管理层“零距离”互动直接获取信息。根据投资者主动提出的股权结构、主营产品、经营模式、研发进展等问题，上市公司使用较为通俗的语言对法定信息披露或未达法定披露标准的事项进行针对性的补充和解释，有利于投资者全面理解信息。同时，实时性的互动能够提供及时、准确的信息，为投资者的价值判断提供有效依据。可见，作为法定披露的补充和交互式信息发布渠道，投资者互动平台实现了资本市场信息披露的互动式变革，降低了信息沟通成本，提高了信息传递效率。

第二，探索市场监督机制，保障投资者参与权。我国公司治理实践中，外部股东处于信息不对称和实力不对等的弱势地位，缺少渠道监督约束公司决策，其合法权益往往受到践踏和侵害。投资者互动平台在保障股东的质询权和参与权方面发挥了重要作用。针对公司经营情况、投资决策、并购计划等存在的问题，投资者可以直接向管理层提出质询，发表意见，表达诉求。上市公司能够根据投资者反映的问题，发现自身薄弱环节，做出相应的整改。更重要的是，投资者互动平台中的信息“裂变式”传播引发媒体、监管机构等利益相关者的关注，强化了对内部人决策的监督威慑，有利于提高公司监管的有效性。作为依托现代信息技术的市场化监管方式和全民监督机制，投资者互动平台的建立有利于督促公司合规经营，保护投资者权益。

第三，加强投资者关系管理，传递企业价值信息。充分发挥资本市场的枢纽功能，离不开上市公司和投资者之间的良性互动。基于新媒体的网络互动是投资者关系管理的重要创新形式。传统方式下，公司与股东互动会增加人力成本和经济成本，导致上市公司对投资者关系管理的重视程度不足，缺少通过信息互动传递公司价值的认知。互动平台依托互联网技术实现了上市公司与股东的低成本、实时性互动，畅通了市场参与者的信息渠道，增进投资者对公司经营情况的全面了解，有效指导投资者对企业的动态估值。另外，通过互动平台，上市公司与投资者建立了战略性沟通关系，主动引导市场预期，使市场了解公司盈利能力和投资价值，增进对公司价值的认同。

第四，引导投资者理性投资，维护市场稳定运行。随着信息技术的发展，新的信息传播方式层出不穷，增加了市场噪声，加剧了信息的复杂程度。在海量的信息中，投资者难以辨识真伪，增加了决策风险。若上市公司与投资者无法及时、有效地进行信息交互，极易受到突发事件的冲击。通过投资者互动平台，投资者可以对各类市场传闻进行求证，获得上市公司的确认或澄清，避免不实消息误导投资决策。此外，投资者可以通过互动平台交流积累经验，增进对公司经营管理、财务状况、市场竞争等情况的全方位了解，提高对市场信息的分析和鉴别能力，避免盲目跟风和“羊群效应”，理性参与投资，提升决策水平。

（三）投资者互动平台独特的资本市场研究场景

随着新兴媒体与资本市场研究的逐渐兴起，众多国内外文献基于 Twitter、Facebook、新浪微博等各类新媒体平台开展研究（胡军和王甄，2015；Bartov et al.，2018；Cade，2018；Zhou et al.，2021）。与上述平台相比，中国特色的投资者互动平台为资本市场主体信息互动相关研究提供了绝佳的研究场景，具体表现在以下三个方面：

第一，平台信息表现出高度的互动性、专业性、准确性。在非官方的股吧论坛，娱乐性的微信、微博等信息传播平台中，公司披露的信息专业性低，存在大量的噪声信息（黄宏斌等，2021），不仅加大了监管难度，还给研究带来一定偏差。同时，此类平台中更多的是投资者“发声”，上市公司较少对投资者的信息需求予以回应，无法观测到真实、完整的互动过程。作为官方设立的证券市场新媒体平台，“互动易”和“e 互动”平台受到市场各方的广泛关注和使用，已成为投资者与上市公司互动的典型应用平台。另外，投资者互动平台处于监管机制下，信息交流的专业性、及时性、准确性均较高，是法定信息披露的有效补充。

第二，更加准确地观测和刻画投资者与上市公司的互动关系及行为。Twitter、微信、微博等大众新媒体平台中活跃着多种类型的用户，如消费者、媒体、社会公众，甚至是政府机关都可以对上市公司提出疑问或看法。因此，基于此类平台的研究囊括了各类市场参与者的互动，难以剥离投资者与上市公司的互动内容，导致较大的噪声干扰，影响研究结论（Zhang and Yang，2021）。与之不同的是，“互动易”和“e 互动”则是证交所专门针对证券市场参与者建立的官方“社交平台”，平台中的活跃用户主要是投资者和上市公司，能够更加干净、准确地观测投资者与上市公司的互动关系，很好地排除其他因素的干扰。

第三，监管机制更大程度地保障了信息互动的影响力。鉴于证交所的考核规则及监管要求，“互动易”和“e互动”平台中投资者的提问得到上市公司的普遍重视。例如，2021年，投资者在“e互动”平台中询问国网英大股份有限公司下属国网英大碳资产管理（上海）有限公司股权和经营现状情况。公司针对这一问题专项发布“关于上证e互动投资者关注问题的说明公告”，向投资者进行解释。对于投资者在互动平台反映的问题，媒体、分析师等其他市场参与者均给予关注、重视，监管机构也及时地采取出具监管函等方式跟进监管，增强了信息互动对上市公司行为决策的影响效果。

第二节　逻辑框架

一、总体研究的逻辑框架

随着新一代信息技术的发展，新媒体成为不可或缺的信息媒介，在资本市场信息披露领域得到广泛应用。基于数字技术、互联网技术，新媒体具有实时性、互动性、开放性的信息传播优势，降低了投资者获取和解读信息的成本，提高和扩大了信息传递效率和影响范围。那么，影响或驱动投资者在新媒体与上市公司进行互动的因素是什么？信息互动又会对资本市场信息环境和公司行为决策产生怎样的影响？本书将对上述问题进行系统研究。基于中国特有的证券市场投资者互动平台实验场景，本书以“影响因素—经济后果”为总体研究主线，从前因和后果两个方面对新媒体环境下投资者与上市公司的互动行为进行系统、全面的研究。总体研究的逻辑框架如图3-2所示。

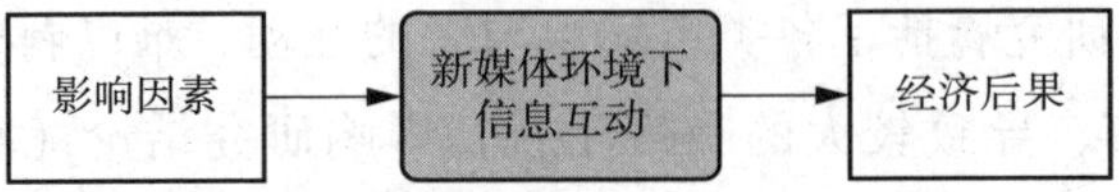

图3-2　总体研究的逻辑框架

二、影响因素研究的逻辑框架

研究新媒体环境下的信息互动行为，首先，需要明确其功能定位。根据证交所的监管要求，网络信息互动是为满足市场主体的信息需求，依托新媒体技术产生的互动性的信息披露模式，是法定信息披露模式的重要补充（丁慧等，2018b）。其次，对信息互动影响因素的研究需要明确互动关系和互动过程。从互动行为关系来看，投资者（信息需求者）和上市公司（信息供给者）是主要的参与者，两者在新媒体环境下完成信息交互。从互动行为过程来看，投资者通过新媒体平台以提问的方式表达信息需求或诉求，负责信息发布的上市公司董秘对投资者的提问予以在线答复。因此，信息需求者（投资者）决定了提问的数量，即信息互动水平，而信息供给者（董秘）决定了信息互动的答复率、时效性和充分性，即信息互动效率。

基于对信息互动的功能定位、互动关系及互动过程的分析，本书从信息需求和信息供给两个维度研究影响因素。从投资者需求的视角来看，掌握充分的信息是市场参与者有效决策的前提。其中，年报等法定披露是投资者最重要的决策来源，理应具有较高的信息增量，为信息使用者了解公司、做出决策提供参考依据。研究发现，公司定期信息披露文本冗长复杂，对于投资者而言可读性低、理解难度较大（Ertugrul et al.，2017；王克敏等，2018）。另外，当定期披露文本的相似度较高时，无法为决策者提供增量的信息（王雄元等，2018）。因此，法定披露信息含量决定了其决策有用性，当法定披露信息含量较低时，投资者会通过其他来源获取决策依据，满足信息需求，从而驱动了新媒体环境下的信息互动。

从上市公司信息供给的视角来看，作为信息提供行为的决策主体，董秘是连接外部投资者与上市公司的信息桥梁，负责发布上市公司财务报告、举办新闻发布会、接待投资者实地调研等各项信息披露活动（毛新述等，2013）。研究认为，董秘的个人特质，尤其是信息能力能够影响上市公司的披露决策，进而影响资本市场信息环境和信息效率（罗进辉等，2015；姜付秀等，2016a）。在互动平台等新兴媒介中，与投资者进行有效、及时、充分的交互式信息披露不仅是董秘的重要职责，还是一项专业性决策，其信息提供能力决定了职能履行效果和信息传递效率。因此，本书认为董秘的信息提供能力是影响新媒体信息互动效率的重要因素。

基于上述逻辑，本书首先从投资者信息需求的视角，探究法定披露的信息含量对新媒体信息互动水平的影响，验证信息互动对法定披露的补充作用。公司业绩波动性、替代性信息来源影响了投资者对新媒体信息来源的需求，因此本书进一步从上述两个方面进行异质性分析；其次从上市公司信息供给的视角，本书关注公司信息发布者特征，以董秘的信息提供能力为切入点，考察其对新媒体信息互动效率（互动答复率、互动时效性、互动充分性）的影响，检验信息发布者在提升新媒体信息传递效率中的重要作用。由于公司融资需求程度、盈余消息性质影响了董秘的信息沟通意愿，因此本书进一步对此进行异质性分析。影响因素研究的逻辑框架如图 3-3 所示。

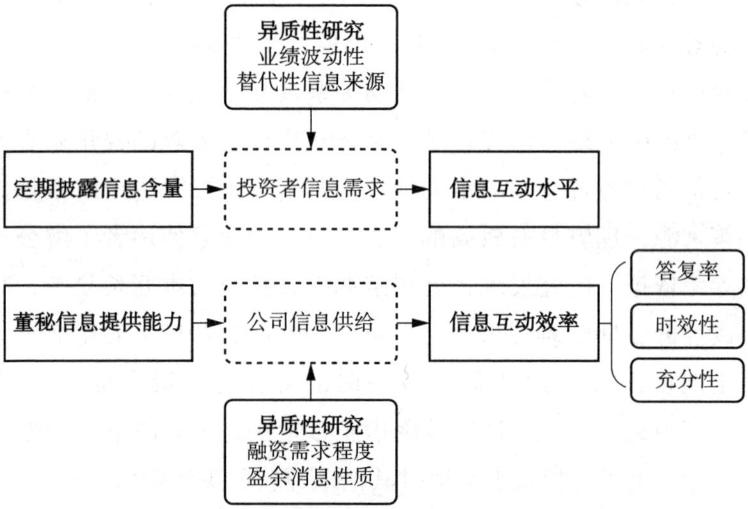

图 3-3　影响因素研究的逻辑框架

三、经济后果研究的逻辑框架

新媒体环境下的信息互动会产生怎样的影响和作用？本书将对经济后果进行深入研究。根据已有文献，经济后果的研究可从“信息效应”和“治理效应”两个方向予以考虑（尹筑嘉等，2018；卜君和孙光国，2020），即对资本市场信息环境和对公司行为决策的影响。首先，基于信息不对称理论，信息互动增加了信息供给，降低了信息成本，增强了信息含量，进而可能提升资本市场信息效率，即发挥“信息效应”。其次，基于委托代理理论，在新媒体信息互动的过程中，外部股东可以公开质询、表达诉求，形成舆论监督压力，提高公司治理参与度，进而可能对管理层、控股股东的利益侵占行为产生约束作用，即发挥“治理效应”。基于此，本书提出“信息效应”和“治理效应”假说，分别探究信息互动对资本市场信息效率、上市公司行为决策的影响及其作用机制。经济后果研究的逻辑框架如图 3-4 所示。

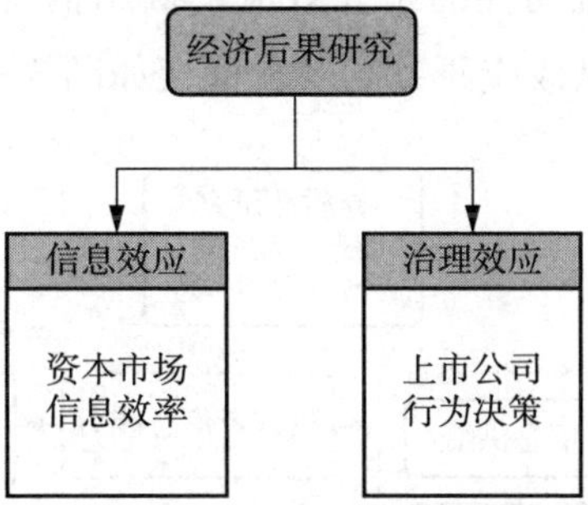

图 3-4 经济后果研究的逻辑框架

（一）信息效应研究的逻辑框架

从信息效应的视角来看，投资者与公司管理层在新媒体中的信息互动改善了投资者的劣势信息地位，进而对资本市场有效性产生潜在影响。综合现有研究，盈余公告后价格漂移和股价信息含量两个方面是市场信息效率的重要体现（Ball and Brown，1968；Morck et al.，2000）。一方面，由于有限的信息获取和解读能力，投资者无法充分、迅速地对盈余公告中的未预期信息做出反应，导致股价在盈余公告日后存在较长时间的漂移。价格漂移越高，越表明资本市场信息效率不足。新媒体为投资者提供了更加便捷的信息渠道，能够提高投资者信息能力，提高信息敏感性，纠正认知偏差，进而可能减少盈余公告后的价格漂移现象。另一方面，作为市场效率的另一重要表征，股价信息含量反映了公司层面的特质信息能否被市场获取和解读，从而充分地融入股价，影响资源配置效率。基于新媒体的信息互动增加了公司层面的特质信息供给，帮助市场及投资者有效获取和解读信息，进而可能对股价信息含量产生积极作用。

基于上述分析，对于经济后果，本书聚焦新媒体的信息传递功能，检验

"信息效应"，即对市场信息效率的影响。首先，检验新媒体环境下的信息互动对盈余公告后价格漂移的影响，针对信息互动效率、公司信息环境（分析师关注度、媒体关注度、机构投资者持股比例）的异质性，进一步分析信息互动在不同情景下是否发挥差异化的作用效果；其次，检验新媒体信息互动能否提升股价反映公司特质信息的充分性，提高股价信息含量，并从信息互动效率、公司信息环境两个方面进行异质性分析。进一步地，本书提出信息传递机制，检验了股票流动性的中介效应，揭示信息互动与资本市场信息效率之间的作用机理。信息效应研究的逻辑框架如图 3-5 所示。

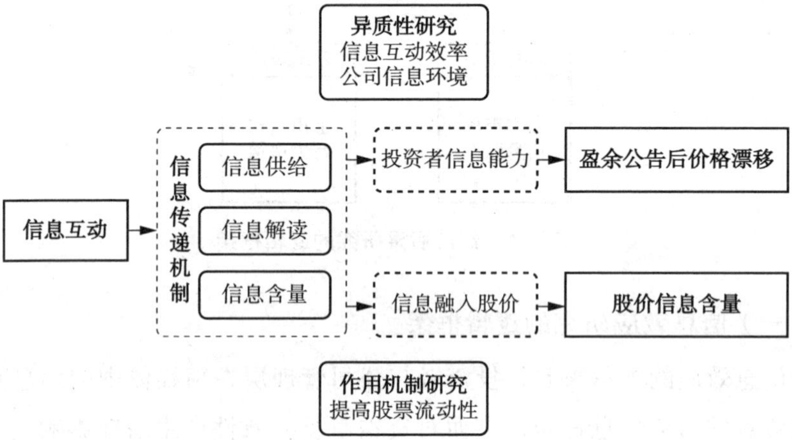

图 3-5　信息效应研究的逻辑框架

（二）治理效应研究的逻辑框架

从治理效应的视角来看，新媒体环境下的信息互动可能增强外部股东的话语权和参与权，对公司决策产生监督治理作用。现代企业中，经营权和所有权以及现金流权与控制权相分离，股东和管理层、大股东与小股东之间存在利益冲突（李善民等，2009；谢德仁等，2016），导致第一类和第二类代理问题。出于自利动机，管理层、控股股东会利用信息优势、控制权优势实施在职消费、资金占用等机会主义活动，损害公司和股东权益。新媒体为外部股东提供了参与公司治理的新渠道。根据委托代理理论，在信息互动的过程中，股东可对公司经营事项或决策提出质询、表达诉求和公开维权，借助新媒体触发媒体、监管机构等重要的利益相关者的关注和介入，利用舆论压力和监管联动监督制衡内部人的利益侵占行为（Zhou et al.，2021）。同时，新媒体是否发挥公司治理有效性依赖于一定的情境因素，如信息互动过程中投资者的情绪倾向，以及正式治理机制的成熟度等（罗劲博和熊艳，2021）。

基于上述分析，经济后果的研究需要考察对公司行为决策的影响。本书关注新媒体潜在的监督治理功能，进行“治理效应”研究，即对约束内部人利益侵占和股东权益保护的作用。从两类典型的委托代理问题出发，首先，本书检验了信息互动对管理层在职消费的影响，并区分投资者提问的类型，从互动过程中投资者情绪倾向、公司治理环境、法律制度保护等方面进行异质性分析，进一步提出舆论压力机制和联动监管机制，并据此检验引发媒体负面关注、招致监管机构问询的中介效应；其次，本书检验信息互动对控股股东掏空行为的影响，同样从投资者情绪倾向、公司治理环境、法律制度保护的角度进行异质性分析，进一步探究内在作用机理：舆论压力机制和联动监管机制。治理效应研究的逻辑框架如图 3-6 所示。

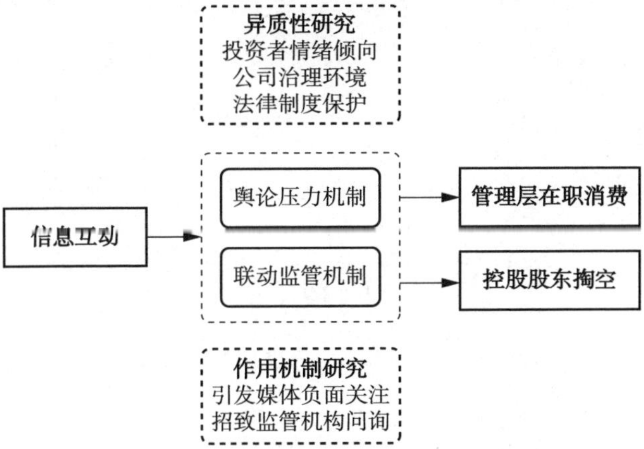

图 3-6　治理效应研究的逻辑框架

第四章

新媒体环境下信息互动的影响因素

数字化变革的背景下，互动式、实时性、开放式的网络信息媒介使信息获取、传播方式发生了根本性变革，重塑了资本市场的信息机制。基于新媒体传播渠道，上市公司对外信息披露由单向式披露转变为双向式互动，成为传统信息披露模式的重要补充机制。在当前文献中，对新媒体环境下信息互动的行为动机和影响因素尚缺乏系统的研究和认知。从互动关系来看，新媒体信息互动的参与者主要是信息需求方（投资者）以及信息供给方（上市公司管理层）。从互动过程来看，信息使用者通过新媒体渠道提出信息需求，上市公司有针对性地进行在线答复和解释，双方共同完成线上信息交互这一过程。在明确互动关系和互动过程的基础上，本书将从信息需求和信息供给的视角探究信息互动行为的影响因素。传统地，财务报告等公司定期披露文件是投资者获取市场信息的重要来源依据，但此类披露文本冗长复杂、信息含量有限，这也使投资者通过新媒体渠道与上市公司互动交流、获取信息的需求随之提高（逯东等，2019）。另外，作为信息发布者，董秘是公司信息披露的决策主体，承担着与投资者进行新媒体信息互动的义务，其个体信息能力特征可能是影响信息互动效率的重要因素。基于此，本章将分别从信息需求和信息供给的视角出发，聚焦定期披露信息含量、董秘信息提供能力两个方面分别研究其对信息互动水平和信息互动效率的影响。

第一节　定期披露信息含量与信息互动水平：信息需求的视角

一、理论分析与研究假设

随着证券市场的发展，我国资本市场形成了较为完整、规范的信息披露体系，公司信息透明度不断提高，投资者保护不断加强。市场及投资者主要根据公司披露的信息进行价值预测，因而完善的上市公司信息披露是资本市场投资者理性决策的基础，也是资本市场维持有效运转，优化资源配置效率的重要前提（逯东等，2012）。通常情况下，上市公司通过发布招股说明书、定期报告、临时公告或其他法定披露文件等形式，将公司相关的信息向投资者等信息使用者公开披露。其中，以年度报告、中期报告为代表的定期信息披露包含了一段时期内公司发展战略、经营计划、业绩盈余、风险因素等重要的信息内容，是市场及投资者最主要的信息来源和决策依据。研究认为，高质量的定期披露具有重要的信息揭示作用，能够提供充分的决策依据，帮助市场及投资者了解公司的经营情况和资产价值，预测财务业绩（Cole and Jones，2004）和股价走向（Bryan，1997），降低决策风险。

如前所述，定期披露发挥价值揭示作用的前提是有效地向资本市场参与者传达真实、充分、完整的信息，即公司定期披露的信息含量决定了其决策有用性。研究发现，年度报告、中期报告等定期披露文件可能具有较低的信息含量，影响信息使用者的信息接收和解读（徐巍等，2021）。一方面，公司定期披露是对一段时期内经营成果和财务状况的总结，囊括了各类财务和非财务信息，文本体量较大，内容丰富、庞杂。因此，定期信息披露存在较大被主观操纵的空间，容易被公司管理层策略性地复杂化（王克敏等，2018），降低了可读性（Lehavy et al.，2011），进而提高了投资者的信息获取、解读和处理成本。丘心颖等（2016）研究发现，即便拥有优于普通投资者的信息获取渠道和信息分析能力，对于较为复杂的年报信息披露，专业的证券分析师也难以有效解读信息。另一方面，定期披露需要遵循规范的既定格式，因此一些公司的披露内容往往流于形式，借鉴前期披露文件的表述，甚至使用大量与以往披露重复或类似的信息内容（Brown and Tucker，2011；王雄元等，2018）。此类披露提供了冗余而非增量的决策依据，没有对报告期内外部环境和经营业务的实际变化进行动态更新，在一定程度上降低了信息含量和决策价值。因此，定期披露信息含量的降低恶化了信息环境，加剧了市场参与主体间的信息不对称，导致投资者难以了解公司真实的经营状况和预测未来业绩，增大决策失误的可能性。为降低信息不对称产生的决策风险，面对低质量的信息披露，投资者倾向于通过其他信息渠道或来源满足充分的决策需求

(Asay et al., 2017)。正如逯东等（2019）研究发现，财务报告可读性的降低导致公司信息不透明，投资者会增加对公司实地调研的频率和概率，通过替代性的信息获取机制获取补充的决策依据，以降低信息不确定性风险。

随着信息技术在资本市场的渗透和应用，（网络）新媒体作为一种新兴传播媒介，由于互动性、实时性、个性化、广泛性等特点，在促进资本市场的信息传播方面具有传统媒介形式无法比拟的优势。各类市场参与者处于高度去中介化、去中心化的交互式信息网络中，个体之间的信息交流成本降低，信息传递效率提高。在这一背景下，基于新媒体的信息互动机制成为法定信息披露的重要补充，也成为投资者进行决策时重要的替代性信息来源。一方面，新媒体信息互动方式增加了公司信息供给，降低了投资者信息获取成本，提供了更具决策有用性的信息依据。具体而言，新媒体改变了投资者的劣势信息地位，投资者不再仅依靠公司定期披露等法定披露形式被动地接收滞后的、不易理解的信息，而是可以通过新媒体渠道主动提出信息需求（Cade, 2018），与上市公司的管理层直接沟通、实时互动，低成本地获得较定期披露更为及时、准确的信息和有针对性的答复，甚至是定期披露中未充分说明的细节内容。另一方面，新媒体信息互动形式降低了投资者的信息解读和处理成本。在新媒体信息互动的过程中，投资者可以随时对公司已披露或未充分披露事项进行提问，获得管理层有针对性的、专业的补充和解释。相较于晦涩难懂的定期信息披露，管理层通俗易懂的解析能够帮助投资者提高信息能力，纠正信息处理偏差（丁慧等，2018b）。谭松涛等（2016）认为，网络媒体为投资者提供了直接从上市公司获取经营信息的新渠道，提高了投资者解析信息的准确性。此外，新媒体中投资者与上市公司之间的信息沟通能够有效传递公司特质信息，具有较高的信息含量（孟庆斌等，2020），降低决策失误的可能性。

资本市场的信息媒介多样性、信息来源多元化，决策者获取决策依据时要进行信息成本和收益的权衡。当公司定期披露的信息质量较低时，投资者利用此类公开信息需要付出较高的成本，并且可能存在一定的信息认知偏差，在无法了解公司真实经营成果和财务状况的情况下，极易做出错误的投资决策，造成收益损失。不难看出，上述抉择提高了信息成本，提高了决策风险，并可能降低投资收益，不是投资者的理性选择。与之不同的是，（网络）新媒体能够为投资者提供与管理层在线互动沟通的新型渠道，与传统媒介相比，其具有信息获取和解读成本低、决策有用性高的显著优势，能够降低决策风险。因此，对于信息使用者而言，新媒体这一新的信息媒介形式是定期信息披露模式的有效补充。当上市公司定期披露的信息含量较低时，投资者会在传统信息机制与新媒体信息互动机制之间进行理性的权衡，选择通过新媒体渠道与上市公司管理层互动沟通，获取更加充分、准确的决策依据，降低信息不对称程度。据此，本书提出如下假设：

假设 4-1：公司定期披露的信息含量越低，新媒体环境下信息互动水平越高。

二、研究设计

（一）样本选择与数据来源

本书以中国沪深 A 股上市公司为研究样本。数据来源方面，投资者与上市公司信息互动数据来自深圳证券交易所建立的“互动易”和上海证券交易所建立的“e 互动”平台，涵盖自平台运行之初（“互动易”：2010 年；“e 互动”：2013 年）至 2020 年 12 月 31 日上市公司与投资者的所有问答互动数据。“互动易”和“e 互动”平台是针对证券市场设立的，即为沪深两市投资者和上市公司提供信息沟通服务的新媒体平台。平台设有“问答”“访谈”等不同功能栏目，其中“问答”板块中用户的互动性最强，吸引了大量活跃的投资者和上市公司沟通交流，展现了多维的、丰富的信息内容，因此本书使用该板块的数据。具体地，本书使用 Python2. 7 软件抓取和存储了研究期间投资者与上市公司之间的问答记录。定期披露信息含量相关的数据来源于 WinGo 财经文本数据平台，该数据库提供了文本分析模型，可用于财务报告、社会责任报告等信息披露文件的可读性、相似度、语调语义等语言特征的分析。其他数据均来自国泰安 CSMAR 数据库。在初始数据的基础上，本书剔除金融类公司样本、ST 和 * ST 公司以及所需数据缺失或异常的样本，最终得到 23082 个公司-年度观测值。为降低极端异常值对研究结果的影响，对除虚拟变量外的所有变量在 1%和 99%分位上进行缩尾处理。本书使用的数据处理软件为 Stata 15. 0。

（二）变量定义

1. 定期披露信息含量（*Inf*）

年度财务报告是现行定期信息披露机制中最重要的组成部分之一，提供了发展战略、经营计划、经营业绩等大量信息内容，是投资者最关注和广泛使用的信息来源，因此本书以年报为主要对象反映定期披露的信息含量。从现有研究信息披露的文本特征的相关文献来看（Loughran and McDonald，2014；孟庆斌等，2017；逯东等，2019），文本可读性和文本相似度两项语言学特征是公司披露是否具有信息含量的重要体现。为更加全面地反映定期披露的信息含量，本书同时从信息可读性和信息相似度两个方面进行测度。

（1）信息可读性（*Inf_read*）。可读性，是指信息披露文件能够被投资者理解的程度。可读性受到的关注由来已久，英文文献中主要以 Fog 指数、文件大小和文本长度衡量披露文本信息的可读性（Li，2008；Loughran and McDonald，2014；Ertugrul et al.，2017）。基于中文语境的文献没有统一的术语词典，多以文本长度、复杂词频等方法衡量可读性（王克敏等，2018；李春涛等，2020；徐巍等，2021）。然而，上述方法忽略了词汇的前后搭配顺序和语句逻辑，存在较为严重的测量偏差。为捕获词的语义信息，考虑中文语言中词汇前后搭配顺序，本书采用基于 word2vec 神经网络语言模型的 WinGo 可读性指标（Shin et al.，2020）。该指标基于朴素贝叶斯的假设，采用深度学习算法构建而成。首先，使用自然语言处理的 Word Embedding 将句子中每个词表示为一个密集的固定长度的向量，其中语义接近的词在向量空间上赋以相同的表示。其次，借鉴 Hierarchical Softmax 和 Negative Sampling 的优化逻辑，计算句子的生成概率，概率越高，表示文本越由常见的词对组合而成，越低则表示文本的词对组合越不常见。最后，以一段文本中句子生成概率乘积的对数均值度量可读性（*Inf_read*），如模型（4-1）所示：

$$Inf\_read = \frac{1}{N}\sum_{s=1}^{N}\log(P_s) \tag{4-1}$$

式中，P_s 为年报文本中句子 s 的生成概率，N 为句子的数量。*Inf_read* 的数值越高，表示文本中词对出现的频率越高，文本越易被理解，可读性越高；反之，表示词对搭配在文本语料中出现的频率越低，可读性越低。

（2）信息相似度（*Inf_sim*）。Brown 和 Tucker（2011）认为，相似度是直接度量文本信息含量的理想指标。信息相似度通常指当期披露的文本信息与上一期披露的文本信息之间的相似程度，反映了公司披露是否为投资者提供了增量的、动态的信息内容。参考 Tetlock（2011）、钱爱民和朱大鹏（2020）等研究，本书使用 TF-IDF 方法计算文本相似性指标，首先对年报文本进行分词和清洗，然后计算词的 TF-IDF 值，使用余弦函数进行信息相似度（*Inf_sim*）的度量。*Inf_sim* 值越高，表示当期年报信息与上一期年报信息的相似度越高，定期披露未能有效传递增量内容，信息含量较低。

2. 信息互动水平（*Interact*）

信息互动水平，是指投资者通过（网络）新媒体渠道与上市公司进行信息沟通的程度。本书以“互动易”和“e 互动”平台中投资者提问数量和上市公司的回复数量之和加 1 取自然对数作为信息互动水平的代理变量。此外，本书发现，新媒体平台中存在少量公司答复没有释放任何增量信息，对于投资者而言同样不具有决策有用性，如上市公司仅回复“谢谢关注”“感谢您的关注”“请查看公司年报”等内容。为了消除此类低质量答复的干扰，本书将这类答复视为无效答复，不将其纳入上市公司答复总数的计算中。

3. 控制变量

参考现有文献的做法（何贤杰等，2016；王铁军，2020），本书控制了其他可能影响投资者与上市公司信息互动水平的因素，包括公司基本特征和公司治理因素，同时控制了行业（*Ind*）、年度（*Year*）及个体固定（*Firm*）效应。具体的变量定义如表 4-1 所示。

表 4-1 变量定义

变量类型	变量名称	变量符号	变量定义
被解释变量	信息互动水平	*Interact*	深圳证券交易所“互动易”和上海证券交易所“e 互动”平台中投资者提问数量和上市公司有效答复数量之和加 1 取自然对数
解释变量	定期披露信息可读性	*Inf_read*	基于 word2vec 神经网络语言模型构建的年报文本可读性指数，已在前文具体说明
	定期披露信息相似度	*Inf_sim*	使用 TF-IDF 方法计算的年报文本相似度指数，已在前文具体说明

续表

变量类型	变量名称	变量符号	变量定义
控制变量	资产规模	*Size*	总资产取自然对数
	资产负债率	*Lev*	负债总额/总资产×100%
	营业收入增长率	*Growth*	(当期营业收入-上期营业收入)/上期营业收入×100%
	账面市值比	*Bm*	资产的账面价值/市值×100%
	股权集中度	*Fsh*	第一大股东的持股数量/总股数×100%
	两职合一	*Dual*	虚拟变量，董事长和总经理由一人兼任则赋值为1，否则取值为0
	董事会规模	*Board*	董事会人数取自然对数
	独立董事比例	*Outdir*	独立董事人数/董事会人数×100%
	产权性质	*Soe*	虚拟变量，国有上市公司则赋值为1，否则取值为0
	行业	*Ind*	按照证监会《上市公司行业分类指引》(2012)设置行业虚拟变量
	年份	*Year*	年份虚拟变量

(三)模型构建

为检验定期披露的信息含量是否驱动了投资者在新媒体环境下与上市公司的信息互动，本书采用模型(4-2)进行实证检验。由于上市公司的年报通常于报告期的下一年才披露，因此本书将解释变量进行滞后一期处理，并控制了个体固定效应。

$$Interact_{i,t} = \alpha_0 + \alpha_1 Inf_{i,t-1} + \alpha_2 Controls_{i,t-1} + \sum Ind + \sum Year + \varepsilon_{i,t} \tag{4-2}$$

式中，被解释变量 $Interact_{i,t}$ 表示新媒体平台投资者与上市公司 i 在 t 期信息互动的水平，解释变量 $Inf_{i,t-1}$ 表示公司 i 发布的 $t-1$ 期定期披露的信息含量，$Controls_{i,t-1}$ 表示控制变量，参数 α_1 表示定期披露的信息含量对新媒体环境下信息互动水平的影响。

三、实证结果

(一)描述性统计

表4-2列示了主要变量的描述性统计。信息互动变量 *Interact* 的均值为

4.570，最大值和最小值分别为 7.559 和 0.000，表明样本公司平均每年与投资者在“互动易”和“e 互动”平台中进行 95.544 次信息沟通，其中频次最高达 1916.927 次，也有少数上市公司没有与投资者开展任何互动交流，表明我国上市公司开始注重通过新兴媒介与投资者进行信息互动，但互动的程度存在较大差异。定期披露信息可读性变量 *Inf_read* 的均值为-18.604，标准差为 2.232，最大值和最小值分别为-13.738 和-24.926，说明样本公司发布的定期披露信息的可读性水平普遍偏低，投资者解读难度较大，且样本间存在较大的差异。定期披露信息相似度变量 *Inf_sim* 的均值为 0.800，标准差为 0.142，最大值和最小值分别为 0.986 和 0.284。平均来看，样本公司前后两期发布的定期披露信息具有较高的相似度，表明我国上市公司通过定期披露对外发布了一些重复的信息，向投资者传递的增量信息有限，信息含量有待进一步提高。

表 4-2 描述性统计

变量	样本量	均值	中位值	标准差	最大值	最小值
Interact	23082	4.570	4.844	1.625	7.559	0.000
Inf_read	23082	-18.604	-18.506	2.232	-13.738	-24.926
Inf_sim	23082	0.800	0.833	0.142	0.986	0.284
Size	23082	22.089	21.924	1.287	26.019	19.520
Lev	23082	0.431	0.420	0.213	0.941	0.052
Growth	23082	0.194	0.107	0.504	3.541	-0.591
Bm	23082	0.606	0.607	0.246	1.135	0.103
Fsh	23082	0.348	0.327	0.147	0.743	0.093
Dual	23082	0.270	0.000	0.444	1.000	0.000
Board	23082	2.134	2.197	0.197	2.708	1.609
Outdir	23082	0.374	0.333	0.053	0.571	0.333
Soe	23082	0.368	0.000	0.482	1.000	0.000

主要控制变量 *Size* 的均值为 22.089，标准差为 1.287。*Lev* 的均值为 0.431，标准差为 0.213，表明样本的平均资产负债率约为 43.1%，且样本间存在一定程度的差异。*Growth* 的均值为 0.194，标准差为 0.504，表明样本公

司营业收入增长率较为可观，平均为 19.4%，然而，部分公司出现了负增长，营业收入状况在样本间存在较大的差异。*Fsh* 的均值为 0.348，标准差为 0.147，最大值和最小值分别为 0.743 和 0.093，表明我国上市公司第一大股东持股比例平均为 34.8%，股权集中程度偏高，一股独大的现象较为普遍，这与 Jiang 等（2010）的观点相一致。*Dual* 的均值为 0.270，表明约 27.0%的样本公司中董事长与总经理由一人兼任。*Board* 的均值为 2.134，*Outdir* 的均值为 0.374，表明样本公司独立董事占董事会总人数的比例约为 37.4%，形式上董事会具有一定的独立性，且样本间差距不大。*Soe* 的均值为 0.368，表明约 36.8%的样本公司是国有企业。以上主要变量的分布情况与前人研究基本一致。

（二）相关性分析

表 4-3 列示了主要变量的相关性分析。*Interact* 与 *Inf_read* 的相关系数为负但不显著，定期披露的信息可读性与新媒体信息互动之间的关系需要进一步的实证检验。*Interact* 与 *Inf_sim* 的相关系数在 1%的水平上显著为正，说明当不考虑其他因素的影响时，公司定期披露的信息相似度与新媒体信息互动水平呈正相关，初步验证了假设 4-1。*Interact* 与公司特征变量 *Size*、*Lev*、*Bm* 和公司治理变量 *Fsh*、*Board*、*Soe* 的相关系数显著为负，表明当不考虑其他因素影响时，资产规模、资产负债率、账面市值比、股权集中度、董事会人数较多的上市公司以及国有上市公司中，投资者通过新媒体与上市公司进行信息互动的程度较低。*Interact* 与 *Growth*、*Dual*、*Outdir* 的相关系数显著为正，表明当不考虑其他因素影响时，营业收入增长率、两职合一、独立董事比例与新媒体信息互动水平呈正相关。控制变量之间的相关系数不超过 0.6，模型的 VIF 值不超过 4，表明不存在严重的多重共线性问题。由于相关系数矩阵只检验了变量两两之间的相关性，本书将考虑其他因素的影响，对变量之间的关系进行回归分析。

表 4-3 相关性分析

变量	*Interact*	*Inf_read*	*Inf_sim*	*Size*	*Lev*	*Growth*
Interact	1					
Inf_read	-0.010	1				

续表

变量	*Interact*	*Inf_read*	*Inf_sim*	*Size*	*Lev*	*Growth*
Inf_sim	0.106***	0.002	1			
Size	-0.015**	-0.219***	0.088***	1		
Lev	-0.181***	-0.129***	0.022***	0.466***	1	
Growth	0.046***	-0.076***	-0.060***	0.034***	0.028***	1
Bm	-0.096***	-0.134***	-0.103***	0.584***	0.327***	-0.020***
Fsh	-0.140***	0.026***	0.008	0.216***	0.046***	-0.006
Dual	0.114***	0.003	-0.046***	-0.172***	-0.135***	0.025***
Board	-0.082***	-0.053***	0.055***	0.250***	0.143***	-0.025***
Outdir	0.033***	-0.017***	-0.017**	0.003	-0.011*	0.005
Soe	-0.230***	0.005	-0.055***	0.347***	0.287***	-0.073***
变量	*Bm*	*Fsh*	*Dual*	*Board*	*Outdir*	*Soe*
Bm	1					
Fsh	0.164***	1				
Dual	-0.102***	-0.042***	1			
Board	0.161***	0.019***	-0.171***	1		
Outdir	-0.026***	0.040***	0.109***	-0.530***	1	
Soe	0.212***	0.203***	-0.289***	0.263***	-0.065***	1

注：模型中所有连续变量在1%和99%分位上进行了缩尾处理；***、**、*分别表示在1%、5%和10%的统计水平上显著。

（三）多元回归结果

表4-4列报了定期披露的信息含量对新媒体环境下信息互动水平的回归结果。第（1）列结果显示，以*Inf_read*为解释变量，加入行业、年度和个体固定效应，*Inf_read*的回归系数为-0.0539，且在1%的统计水平上显著（$t=-11.610$），表明定期披露信息可读性越低，新媒体环境下信息互动的水平越高。面对较低的年报文本可读性，投资者倾向于改变信息来源，通过新媒体渠道与公司管理层进行互动式信息沟通，满足自身的决策需求。第（2）列中加入了全部控制变量。回归结果显示，*Inf_read*的回归系数依然在1%的统计水平上显著为负（$\alpha_1=-0.0390$，$t=-8.273$）。以上结果表明，在控制其他影响因素后，定

期披露的信息可读性与新媒体信息互动水平呈负相关，即当上市公司发布的定期披露难以被投资者有效解读时，为了更低成本地获取决策依据，市场投资者会倾向于通过新媒体渠道与上市公司沟通交流，获取更加通俗易懂的解释和答复。

表 4-4 第（3）列以 *Inf_sim* 为解释变量，加入行业、年度和个体固定效应，*Inf_sim* 的回归系数为 1. 1160，并在 1%的统计水平上显著（t=13. 001），表明定期披露较高的信息相似度与新媒体环境下信息互动水平呈正相关。第（4）列同时加入解释变量和控制变量，*Inf_sim* 的回归系数依然在 1%的统计水平上显著为正（α_1=1. 1932，t=14. 206），表明当上市公司发布的定期披露文件与上一年度披露的信息具有较高的相似性或重合度时，投资者通过传统的法定披露渠道无法获得增量的决策依据，会通过投资者互动平台等（网络）新媒体渠道与上市公司管理层互动沟通，获得具有决策有用性的信息。综上，低质量的定期披露提高了投资者对其他途径信息来源的需求。定期披露的信息含量越低，新媒体环境下信息互动水平越高，从而验证了假设 4-1。

表 4-4 定期披露信息含量对新媒体环境下信息互动水平的回归结果

变量	*Interact*			
	（1）	（2）	（3）	（4）
Inf_read	-0. 0539*** (-11. 610)	-0. 0390*** (-8. 273)		
Inf_sim			1. 1160*** (13. 001)	1. 1932*** (14. 206)
Size		0. 1824*** (15. 826)		0. 1915*** (17. 134)
Lev		-1. 1542*** (-21. 666)		-1. 1213*** (-21. 118)
Growth		0. 1061*** (5. 621)		0. 1484*** (7. 830)
Bm		-0. 2517*** (-4. 571)		-0. 2624*** (-4. 796)
Fsh		-1. 0987*** (-16. 288)		-1. 1207*** (-16. 701)

续表

变量	*Interact*			
	(1)	(2)	(3)	(4)
Dual		0.1689*** (7.581)		0.1771*** (7.972)
Board		−0.1294** (−2.136)		−0.1372** (−2.270)
Outdir		−0.0637 (−0.299)		−0.0350 (−0.165)
Soe		−0.4585*** (−19.975)		−0.4773*** (−20.942)
Ind	控制	控制	控制	控制
Year	控制	控制	控制	控制
_CONS	2.9499*** (23.160)	1.2465*** (4.413)	1.0014*** (8.413)	−1.5331*** (−5.685)
N	23082	23082	23082	23082
Adj_R^2	0.1841	0.2368	0.1853	0.2412

注：模型中所有连续变量在1%和99%分位上进行了缩尾处理；***、**分别表示在1%、5%的统计水平上显著，括号内为t值。

四、异质性研究

信息需求的视角下，定期披露形式与新媒体信息交互机制互为补充。前文证实，定期披露的信息含量是新媒体中市场参与者信息互动的驱动因素。考虑一定的情境因素，这一情况会有所不同。从异质性的角度来看，上市公司业绩波动性的高低，以及投资者替代信息来源的多寡影响了投资者信息获取和解读效果，从而影响投资者对新媒体渠道中的信息依赖程度和需求水平（逯东等，2019）。因此，本书将进一步从业绩波动性、替代性信息来源两个方面进行异质性检验，从而为新媒体信息互动的驱动因素提供更为深入的理论认知。

（一）业绩波动性的异质性分析

宏观经济环境、监管政策调整、市场供需变化、企业战略决策等内外部因素都会对公司盈利能力和经营业绩产生影响，导致业绩波动（权小锋和吴世农，2010）。业绩波动程度一方面与经营风险有关，另一方面影响信息不对称程度。当业绩波动性较高时，公司业绩表现不稳定，过去的财务信息及经营情况对投资者预测公司未来业绩发挥的决策有用性较低。为了降低信息不确定性带来的决策风险，投资者需要具备更强的信息搜集和解读能力，全面掌握最新信息以避免决策失误。此时，定期披露的信息含量越低，投资者从其他途径获取和解读信息的需求会越高，通过新媒体平台与上市公司进行更高水平的信息交互。

借鉴已有文献，本书按照公司前 3 年净利润标准差的中位数，将全样本分为业绩波动性高（*High-vol*）和业绩波动性低（*Low-vol*）两组样本，进行分组回归。表 4-5 列报了业绩波动性的分组回归结果。第（1）列和第（2）列显示，无论业绩波动性高还是低，*Inf_read* 的回归系数始终显著为负，并且业绩波动性高的样本中 *Inf_read* 的回归系数的绝对值比业绩波动性低的样本大，组间差异检验进一步表明两组系数在统计上存在显著差异（$p=0.0006$）。因此，公司业绩波动性越高，定期披露信息可读性的降低越难以满足信息使用者的决策需求，投资者增加了对其他信息获取来源的依赖，因而新媒体环境下信息互动水平更高。第（3）列和第（4）列显示，*Inf_sim* 的回归系数在两组样本中均在 1%的水平上显著为正，且 *High-vol* 样本中 *Inf_sim* 的回归系数显著大于 *Low-vol* 样本（$p=0.0743$），表明公司业绩波动性越高，定期披露信息相似度的增加更大程度地加剧了外部股东的信息劣势，更加驱动了投资者通过新媒体渠道提高信息能力，获取决策依据。综上，定期披露的信息含量对投资者新媒体信息获取行为的影响随着公司业绩波动性的不同表现出异质性。

表 4-5　业绩波动性的分组回归结果

变量	*Interact*			
	(1)	(2)	(3)	(4)
	High-vol	*Low-vol*	*High-vol*	*Low-vol*
Inf_read	-0.0523*** (-8.176)	-0.0209*** (-2.999) [$p=0.0006$]		

续表

变量	*Interact*			
	(1)	(2)	(3)	(4)
	High-vol	*Low-vol*	*High-vol*	*Low-vol*
Inf_sim			1.3651*** (12.008)	1.0577*** (8.681) [p=0.0743]
Size	0.1921*** (11.364)	0.1758*** (10.398)	0.1871*** (10.874)	0.1895*** (12.627)
Lev	-1.1319*** (-16.870)	-1.2414*** (-12.976)	-1.2155*** (-17.381)	-1.1442*** (-13.049)
Growth	0.0604*** (2.970)	0.3995*** (7.557)	0.1175*** (5.485)	0.3923*** (8.105)
Bm	-0.2954*** (-3.743)	-0.2182*** (-2.708)	-0.2054** (-2.504)	-0.2535*** (-3.440)
Fsh	-1.0527*** (-11.363)	-1.1091*** (-11.205)	-0.9833*** (-10.203)	-1.1236*** (-12.404)
Dual	0.1689*** (5.627)	0.1630*** (4.912)	0.1827*** (5.836)	0.1651*** (5.428)
Board	-0.2579*** (-3.154)	0.0354 (0.393)	-0.3024*** (-3.546)	0.0031 (0.037)
Outdir	-0.2441 (-0.829)	0.1837 (0.595)	-0.3447 (-1.123)	0.2442 (0.863)
Soe	-0.4099*** (-13.132)	-0.4961*** (-14.580)	-0.4736*** (-14.600)	-0.4658*** (-15.000)
Ind	控制	控制	控制	控制
Year	控制	控制	控制	控制
_CONS	-1.5209*** (-3.986)	-0.8505** (-2.149)	-1.7679*** (-4.423)	-2.0419*** (-5.536)
N	12455	10627	12455	10627
Adj_R^2	0.2385	0.2423	0.2231	0.2568

注：模型中所有连续变量在1%和99%分位上进行了缩尾处理；***、**分别表示在1%、5%的统计水平上显著，括号内为 *t* 值；方括号内为组间系数差异检验 *p* 统计量。

（二）替代性信息来源的异质性分析

在信息经济时代，资本市场的信息渠道呈现多元化，各类市场参与者以不同的形式参与到信息机制中，影响资本市场的信息流动。为了更加全面地掌握和了解公司经营状况，以投资者为主的信息使用者除通过法定信息披露、网络信息媒介等渠道进行信息搜寻以外，还会通过其他替代性的信息来源获取决策依据。研究表明，分析师研究报告和投资者实地调研是两种重要的信息途径。一方面，作为资本市场中的信息中介，分析师凭借专业的金融、财务和技术等知识，通过深度解读和挖掘公开和私有信息，帮助市场解读价值信息，为投资者提供决策依据（Huang et al.，2018）。另一方面，为了更加深入地挖掘上市公司的信息，全面了解公司生产运营情况，投资者需要到上市公司进行实地调研，与管理层当面沟通获得私有信息（卜君和孙光国，2020）。研究表明，实地调研提高了公司的信息透明度，缓解了投资者与上市公司之间的信息不对称（Jiang and Yuan，2018）。是否具有充足的替代性信息来源，可能影响了投资者通过其他新兴媒介形式获取信息的需求。

基于此，本书考察替代性信息来源是否影响定期披露的信息含量与新媒体信息互动水平之间的关系。具体来说，以分析师发布的研究报告数量、投资者实地调研次数的中位数将全样本划分为替代信息来源较多和替代信息来源较少两组子样本，分别进行回归。表 4-6 列报了分析师研究报告的分组回归结果，*Inf_read* 和 *Inf_sim* 的回归系数均在 1%的水平上显著，且分析师研究报告数量较少的样本（*Low-analyst*）中，*Inf_read* 和 *Inf_sim* 的回归系数的绝对值显著大于分析师研究报告数量较多的样本（*High-analyst*）。以上结果表明，当投资者从分析师处获得较少的决策参考时，面对定期披露信息含量的降低，投资者对新媒体信息渠道的需求更高，更加积极地与上市公司管理层进行信息交互。

表 4-6 分析师研究报告的分组回归结果

变量	*Interact*			
	(1)	(2)	(3)	(4)
	High-analyst	*Low-analyst*	*High-analyst*	*Low-analyst*
Inf_read	-0.0259*** (-4.021)	-0.0509*** (-7.531) [p=0.0053]		

续表

变量	Interact			
	(1)	(2)	(3)	(4)
	High-analyst	*Low-analyst*	*High-analyst*	*Low-analyst*
Inf_sim			0.9985*** (7.829)	1.3742*** (12.055) [p=0.0368]
Size	0.0791*** (4.749)	0.0566*** (2.636)	0.0854*** (5.271)	0.0612*** (2.822)
Lev	-0.9860*** (-11.113)	-0.8553*** (-12.288)	-0.9790*** (-11.061)	-0.9515*** (-13.313)
Growth	0.1235*** (4.110)	0.0536** (2.219)	0.1567*** (5.200)	0.1039*** (4.158)
Bm	-0.3266*** (-4.320)	0.2941*** (3.259)	-0.3057*** (-4.051)	0.3000*** (3.249)
Fsh	-1.3862*** (-14.863)	-0.8905*** (-9.287)	-1.3790*** (-14.833)	-0.8316*** (-8.462)
Dual	0.2225*** (7.228)	0.0810** (2.562)	0.2314*** (7.534)	0.0933*** (2.872)
Board	-0.1156 (-1.397)	-0.2069** (-2.366)	-0.1195 (-1.447)	-0.1763** (-1.962)
Outdir	-0.0250 (-0.087)	0.0466 (0.149)	-0.0203 (-0.071)	0.1333 (0.415)
Soe	-0.4008*** (-12.044)	-0.3767*** (-11.790)	-0.4206*** (-12.716)	-0.4358*** (-13.319)
Ind	控制	控制	控制	控制
Year	控制	控制	控制	控制
_CONS	1.5320*** (4.012)	0.5476 (1.168)	1.0554*** (2.723)	-0.0516 (-0.107)
N	11152	11930	11152	11930
Adj_R^2	0.2647	0.2155	0.2677	0.1936

注：模型中所有连续变量在1%和99%分位上进行了缩尾处理；***、**分别表示在1%、5%的统计水平上显著，括号内为 *t* 值；方括号内为组间系数差异检验 *p* 统计量。

表4-7是投资者实地调研的分组回归结果。第（1）列和第（2）列表明，*Inf_read* 的回归系数在两组子样本中均显著为负，且在投资者实地调研次数较少（*Low-visit*）的样本中，*Inf_read* 的回归系数的绝对值显著高于投资者

实地调研次数较多（*High-visit*）的样本。第（3）列和第（4）列显示，对于投资者实地调研次数较多的样本，定期披露信息相似度与信息互动水平之间的关系不显著，*Inf_sim* 的回归系数仅在投资者实地调研次数较少的样本中显著。综合上述结果，当信息使用者的替代性信息来源无法满足其信息需求时，定期披露信息含量的降低加剧了投资者的信息劣势，更加显著地驱动了投资者通过新媒体途径与上市公司进行信息交互，获取决策依据。

表 4-7　投资者实地调研的分组回归结果

变量	*Interact*			
	(1)	(2)	(3)	(4)
	High-visit	*Low-visit*	*High-visit*	*Low-visit*
Inf_read	-0.0172*** (-3.211)	-0.0335*** (-4.985) [p=0.0522]		
Inf_sim			-0.1400 (-1.131)	0.8861*** (7.985) [p<0.0001]
Size	0.2634*** (20.041)	0.0572*** (3.560)	0.1501*** (13.904)	0.0711*** (4.581)
Lev	-0.8265*** (-13.013)	-0.6491*** (-9.038)	-0.7151*** (-10.883)	-0.6237*** (-8.706)
Growth	0.0356 (1.639)	0.0559** (2.198)	0.0286 (1.265)	0.0826*** (3.235)
Bm	-0.5374*** (-8.872)	0.0860 (1.100)	-0.2932*** (-4.969)	0.0472 (0.608)
Fsh	-1.0398*** (-13.961)	-0.9526*** (-10.059)	-1.0425*** (-13.780)	-0.9736*** (-10.320)
Dual	0.0978*** (4.245)	0.0943*** (2.852)	0.0920*** (3.943)	0.1020*** (3.089)
Board	-0.0627 (-0.932)	-0.2287*** (-2.726)	0.0650 (0.959)	-0.2309*** (-2.756)
Outdir	-0.4642** (-2.016)	0.1984 (0.657)	-0.0844 (-0.364)	0.2021 (0.670)

续表

变量	*Interact*			
	(1)	(2)	(3)	(4)
	High-visit	*Low-visit*	*High-visit*	*Low-visit*
Soe	-0.1759*** (-6.463)	-0.2961*** (-9.518)	-0.1370*** (-4.978)	-0.3115*** (-10.073)
Ind	控制	控制	控制	控制
Year	控制	控制	控制	控制
_CONS	-3.0360*** (-9.781)	1.6298*** (4.409)	-0.6539** (-2.249)	1.3029*** (3.496)
N	10657	12425	10657	12425
Adj_R^2	0.4640	0.1567	0.4510	0.1593

注：模型中所有连续变量在1%和99%分位上进行了缩尾处理；***、**分别表示在1%、5%的统计水平上显著，括号内为 *t* 值；方括号内为组间系数差异检验 *p* 统计量。

五、稳健性检验

（一）改变被解释变量衡量方法

前文中以投资者提问数量和上市公司有效答复数量总和为被解释变量，为避免测度偏差对研究结果产生影响，更好地观测投资者的信息需求，本书仅将“互动易”和“e互动”平台中上市公司收到的投资者提问数量加1取自然对数（*Interact_Q*）作为替代变量重新回归。表4-8列示了回归结果，*Inf_read* 和 *Inf_sim* 的回归系数依然在1%的统计水平上显著，表明本书结论稳健。

表4-8 改变被解释变量衡量方法的回归结果

变量	*Interact_Q*	
	(1)	(2)
Inf_read	-0.0328*** (-7.565)	
Inf_sim		1.0671*** (13.823)

续表

变量	*Interact_Q*	
	(1)	(2)
Size	0.1936*** (18.275)	0.2004*** (19.513)
Lev	−1.0457*** (−21.357)	−1.0171*** (−20.843)
Growth	0.0967*** (5.576)	0.1341*** (7.699)
Bm	−0.3102*** (−6.130)	−0.3176*** (−6.316)
Fsh	−1.1064*** (−17.846)	−1.1239*** (−18.224)
Dual	0.1644*** (8.029)	0.1716*** (8.405)
Board	−0.1300** (−2.334)	−0.1372** (−2.470)
Outdir	−0.0452 (−0.231)	−0.0208 (−0.106)
Soe	−0.4203*** (−19.923)	−0.4362*** (−20.823)
Ind	控制	控制
Year	控制	控制
_CONS	−1.7261*** (−6.996)	−2.0897*** (−8.432)
N	23082	23082
Adj_R^2	0.2465	0.2508

注：模型中所有连续变量在1%和99%分位上进行了缩尾处理；***、**分别表示在1%、5%的统计水平上显著，括号内为 t 值。

（二）改变解释变量衡量方法

对于定期披露的信息可读性，本书以年报和半年报的信息可读性的均值（*Read_ave*）进行稳健性检验，*Read_ave* 越大，公司定期披露文件的信息可读性越高。对于定期披露的信息相似度，本书以另一常用的 LDA 方法构建相似度

(*Sim_LDA*) 指标 (Brown and Knechel, 2016; 王雄元等, 2018)。*Sim_LDA* 的值越大，表示公司披露文件之间的信息相似度越高，信息含量越低。LDA 模型是一种描述文档—主题—词之间关系的概率生成模型，能通过主题建模在一定层面上捕捉文档的语义信息，在文本分析领域得到广泛应用。例如，Huang 等 (2018) 利用 LDA 训练得到的主题模型衡量分析师报告与公司电话会议的信息相似度。表 4-9 的第 (1) 列和第 (2) 列分别以 *Read_ave* 和 *Sim_LDA* 为解释变量，回归系数均在 1%的统计水平上显著，表明在使用替代性指标测度定期披露信息含量时，研究结果依然符合预期。

表 4-9 改变解释变量衡量方法的回归结果

变量	*Interact*	
	(1)	(2)
Read_ave	-0.0384*** (-7.742)	
Sim_LDA		0.4977*** (6.387)
Size	0.1832*** (15.855)	0.1995*** (17.787)
Lev	-1.1527*** (-21.628)	-1.1350*** (-21.300)
Growth	0.1077*** (5.703)	0.1231*** (6.511)
Bm	-0.2539*** (-4.610)	-0.2753*** (-5.010)
Fsh	-1.1033*** (-16.356)	-1.1259*** (-16.715)
Dual	0.1693*** (7.597)	0.1718*** (7.704)
Board	-0.1309** (-2.160)	-0.1253** (-2.066)
Outdir	-0.0739 (-0.347)	-0.0450 (-0.211)
Soe	-0.4607*** (-20.071)	-0.4740*** (-20.717)
Ind	控制	控制

续表

变量	Interact	
	(1)	(2)
Year	控制	控制
_CONS	−1.1075*** (−4.129)	−1.2062*** (−4.437)
N	23077	23077
Adj_R^2	0.2365	0.2359

注：模型中所有连续变量在1%和99%分位上进行了缩尾处理；***、**分别表示在1%、5%的统计水平上显著，括号内为 t 值。

（三）改变研究样本

由于“互动易”和“e 互动”平台分别于 2010 年和 2013 年上线运行，为提高样本量，前文将沪市和深市样本数据起始年份分别设为 2010 年和 2013 年。然而，这一处理方式使得沪深两市样本起始年份不同，可能导致结论偏差。为使研究结果不受样本期间的影响，在稳健性检验中，本书使用 2013—2020 年样本数据，即去掉“互动易”平台自 2010 年 1 月 1 日至 2012 年 12 月 31 日的样本重新回归。表 4-10 报告了回归结果，样本量减少到 20444，*Inf_read* 和 *Inf_sim* 的系数均在 1%的统计水平上显著，表明研究结果不受样本期间的影响，结论稳健。

表 4-10 改变研究样本的回归结果

变量	Interact	
	(1)	(2)
Inf_read	−0.0415*** (−8.317)	
Inf_sim		1.3080*** (15.018)
Size	0.1640*** (13.361)	0.1740*** (14.689)
Lev	−1.1459*** (−19.932)	−1.1050*** (−19.300)
Growth	0.0933*** (4.623)	0.1379*** (6.817)

续表

变量	*Interact*	
	(1)	(2)
Bm	−0. 1553*** (−2. 647)	−0. 1699*** (−2. 919)
Fsh	−1. 1475*** (−15. 855)	−1. 1708*** (−16. 280)
Dual	0. 1688*** (7. 091)	0. 1771*** (7. 466)
Board	−0. 1911*** (−2. 928)	−0. 1987*** (−3. 054)
Outdir	−0. 1195 (−0. 521)	−0. 0874 (−0. 383)
Soe	−0. 4959*** (−20. 107)	−0. 5135*** (−20. 988)
Ind	控制	控制
Year	控制	控制
_CONS	1. 3299*** (4. 714)	0. 9117*** (3. 221)
N	20444	20444
Adj_R^2	0. 1616	0. 1680

注：模型中所有连续变量在1%和99%分位上进行了缩尾处理；***表示在1%的统计水平上显著，括号内为 *t* 值。

（四）内生性检验

为解决潜在的内生性问题，更准确地识别因果关系，借鉴 Chen 等（2018）的做法，本书采用 Lead-Lag Change 检验进行稳健性分析。除虚拟变量外，将原始回归模型中的所有连续变量构造差分项，如模型（4-3）所示。

$$\Delta Interact_{i,t} = \alpha_0 + \alpha_1 \Delta Inf_{i,t-1} + \alpha_2 \Delta Controls_{i,t-1} + \sum Ind + \sum Year + \varepsilon_{i,t} \tag{4-3}$$

式中，$\Delta Interact_{i,t}$为公司 i 在 t 年与 $t-1$ 年信息互动水平的差额，$\Delta Inf_{i,t-1}$为公司 i 在 $t-1$ 年与 $t-2$ 年定期披露信息含量的差值。

表 4-11 列示了 Lead-Lag Change 检验的回归结果。由结果可知，$\Delta Inf\_$

read 的回归系数在 1%的水平上显著为负，Δ*Inf_sim* 的回归系数在 1%的水平上显著为正，表明通过对连续变量构造差分项解决内生性问题后，结果仍然符合预期。

表 4-11 Lead-Lag Change 检验的回归结果

变量	Δ*Interact*	
	（1）	（2）
Δ*Inf_read*	-0.0581*** (-11.240)	
Δ*Inf_sim*		0.5234*** (9.881)
Δ*Size*	0.3178*** (7.019)	0.0799** (2.399)
Δ*Lev*	0.3640*** (2.894)	-0.0551 (-0.594)
Δ*Growth*	-0.0290* (-1.728)	0.0275** (2.220)
Δ*Bm*	-0.4513*** (-4.715)	-0.1576** (-2.234)
Δ*Fsh*	-0.6415*** (-2.584)	0.0789 (0.431)
Dual	0.1206*** (4.596)	-0.0257 (1.326)
Δ*Board*	0.0383 (0.285)	-0.0801 (-0.811)
Δ*Outdir*	0.2029 (0.541)	-0.0833 (-0.301)
Soe	-0.4898*** (-20.339)	0.0621*** (3.502)
Ind	控制	控制
Year	控制	控制
_CONS	2.0084*** (13.896)	1.1009*** (14.619)
N	16329	16329
Adj_R^2	0.1666	0.1833

注：模型中所有连续变量在 1%和 99%分位上进行了缩尾处理；***、**、* 分别表示在 1%、5%和 10%的统计水平上显著，括号内为 *t* 值。

为了进一步解决内生性问题，本书进行工具变量的两阶段最小二乘回归。借鉴逯东等（2019）的研究，将同一行业内所有其他公司定期披露可读性的均值（*Ind_Inf_read*）以及同一行业内所有其他公司定期披露相似度的均值（*Ind_Inf_sim*）作为工具变量，重新进行检验。表 4-12 显示，第一阶段回归中$F>10$，通过了弱工具变量检验；第二阶段回归中 *Inf_read* 和 *Inf_sim* 的系数依然在 1%的水平上显著，表明在使用工具变量进行二阶段回归解决内生性问题后，本书结论稳健。

表 4-12　工具变量法的回归结果

变量	(1)	(2)	(3)	(4)
	第一阶段	第二阶段	第一阶段	第二阶段
	Inf_read	*Interact*	*Inf_sim*	*Interact*
Ind_Inf_read	0.3243*** (6.266)			
Ind_Inf_sim			0.6502*** (16.200)	
Inf_read		−0.0397*** (−8.457)		
Inf_sim				1.1155*** (13.154)
Size	−0.6101*** (−39.114)	0.1717*** (14.859)	0.0123*** (14.205)	0.1826*** (16.305)
Lev	−0.4144*** (−5.568)	−1.2491*** (−24.148)	−0.0147*** (−3.542)	−1.2177*** (−23.599)
Growth	−0.2158*** (−8.190)	0.1032*** (5.413)	−0.0282*** (−19.246)	0.1445*** (7.553)
Bm	1.0203*** (13.306)	−0.4046*** (−7.383)	−0.0232*** (−5.429)	−0.4256*** (−7.819)
Fsh	1.0101*** (10.742)	−1.2502*** (−18.500)	−0.0142*** (−2.712)	−1.2780*** (−19.000)
Dual	−0.0689** (−2.213)	0.1937*** (8.605)	−0.0045*** (−2.610)	0.2020*** (8.989)
Board	−0.1228 (−1.450)	−0.1674*** (−2.743)	0.0103** (2.194)	−0.1768*** (−2.903)

续表

变量	(1)	(2)	(3)	(4)
	第一阶段	第二阶段	第一阶段	第二阶段
	Inf_read	*Interact*	*Inf_sim*	*Interact*
Outdir	−0.5832* (−1.958)	−0.0814 (−0.378)	−0.0062 (−0.373)	−0.0482 (−0.225)
Soe	0.4456*** (13.949)	−0.5411*** (−23.828)	0.0011 (0.641)	−0.5617*** (−24.877)
Ind	控制	控制	控制	控制
Year	控制	控制	控制	控制
_CONS	−0.8529 (−0.784)	−0.5454** (−2.113)	0.0317 (0.817)	−0.8885*** (−3.420)
N	23077	23077	23077	23077
Adj_R^2	0.2094	0.2173	0.3914	0.2207

注：模型中所有连续变量在1%和99%分位上进行了缩尾处理；***、**、*分别表示在1%、5%和10%的统计水平上显著，括号内为 t/z 值。

第二节　董秘信息提供能力与信息互动效率：信息供给的视角

一、理论分析与研究假设

资本市场是一个由信息驱动的系统。充分的信息披露以及高效的信息传递是其有效实现要素资源配置功能的重要前提。公司内部与外部主体之间存在信息地位的悬殊，甚至相互冲突的利益动机，致使信息被单方面控制，阻碍了优化资源配置的枢纽功能（Akerlof，1970）。由此，资本市场产生了对公司信息披露、信息中介和投资者关系管理等方面的需求，同时催生了上市公司董事会秘书制度（罗进辉等，2015）。资本市场的信息传递通常是由信息提供者（上市公司）发出信息，经分析师、媒体等各类信息媒介传递到信息使用者（投资者）的动态过程（毛新述等，2013）。因此，信息能否实现从供给者到需求者的有效传递，不仅取决于信息媒介是否有效发挥信息传递功能，还取决于信息发布者的决策。

作为上市公司的高管，董秘是连接上市公司与其利益相关者的沟通桥梁和信息纽带。在我国的法律法规和公司治理框架内，董秘主要承担信息披露决策和投资者关系管理的重要职责（周开国等，2011）。因此，理论界和实务界一致认为董秘是公司最重要的信息发布者之一，其个人特征对上市公司信息披露的质量和效率产生最为直接的影响（毛新述等，2013；姜付秀等，2016a）。从上市公司董秘身份定位和信息功能来看，诸多研究表明董秘通过履行信息发布职责，能够影响公司财务信息的质量（路军伟等，2019；孙文章，2021），改善外部信息沟通环境（朱琳等，2021），缓解公司的融资约束状况（姜付秀等，2016b），并影响资本结构调整乃至投资决策（程富和王福胜，2020）。在提升公司信息透明度的同时，董秘还进一步对资本市场信息效率产生积极影响（毛新述等，2013；罗进辉等，2015）。当面对不同的身份定位时，董秘的职责履行情况会有所差异（卜君和孙光国，2018）。因此，作为资本市场重要的信息机制，董秘与上市公司对外信息沟通行为密切相关。研究新媒体环境下投资者与上市公司信息互动的影响因素时，董秘的作用自然不可忽视。

根据信息传递理论，信息源的信息供给能力影响信息传递效率。作为专职从事信息披露工作的高管，董秘的个人背景特征对缓解信息不对称具有重要的影响（姜付秀等，2016b）。毛新述等（2013）研究发现，财务总监兼任董秘能够以其信息优势有效地披露公司战略信息和经营管理信息，公司盈余的价值相关性更高，改善市场信息效率的作用更强。周建等（2018）认为，上市公司董秘的信息能力存在差异，信息能力较强的董秘能够与独立董事有效沟通信息，提高其履职效果。由此可见，董秘能否与外界进行有效的信息沟通在很大程度上取决于其信息供给能力。

对于上市公司而言，新媒体环境下的信息互动行为是一项互动式的信息披露及投资者关系管理活动。董秘是直接与投资者以及各类市场参与者进行在线沟通的公司高管，其个人能力影响了履职效果，即能否实现与投资者之间的高效率互动。在新媒体平台中，投资者不仅会对公司经营计划、战略规划、产品销售、并购重组、薪酬激励、研发创新、经营业绩等多维度的事项提出信息需求，也会针对公司定期公告、临时公告中未充分理解的内容要求管理层提供详细的补充和解释。此外，面对复杂的证券市场信息，信息使用者难以做出真伪辨识，会选择通过新媒体平台对各类市场传闻进行求证，甚至对公司资金应用、并购计划等经营决策提出质询。根据证交所的规定，负责信息互动的专职人员——董秘需要与投资者进行良性互动，对其提出的问题和诉求一一解答和回应，提供真实完整、及时准确的信息。然而，这一职责的有效履行以董秘具备较高的信息能力为重要前提。面对各类投资者提出的疑问和质询，董秘需要具备敏锐的洞察力和判断力，广泛搜集并及时更新相关知识，准确把握外部经济环境、行业情况、市场环境，全面掌握公司当前经营状况及未来发展情况，提高投资者获取所需信息的效率。在这一过程中，只有具备较高的信息提供能力，董秘才能够对投资者提出的信息需求做出及时反应，更加专业地对投资者的提问进行充分的解释，使信息快速、完整、准确地通过新媒体渠道传达到资本市场。据此，本书提出如下假设：

假设 4-2：董秘的信息提供能力越强，新媒体环境下信息互动效率越高。

二、研究设计

（一）样本选择与数据来源

本书以中国沪深 A 股上市公司为研究样本。数据来源方面，信息互动相关数据来自“互动易”和“e 互动”平台的“问答”板块，涵盖自平台建立之初（“互动易”：2010 年；“e 互动”：2013 年）至 2020 年 12 月 31 日上市公司与投资者的所有互动数据。具体地，本书使用 Python2. 7 软件抓取和存储了研究期间投资者与上市公司的所有互动问答及其具体时间。董秘信息提供能力相关数据来源于 CSMAR 数据库、中国研究数据服务平台（CNRDS），其他数据来源于 CSMAR 数据库。在初始数据的基础上，本书剔除金融类公司样本、ST 和 *ST 公司以及所需数据缺失或异常的样本。此外，由于信息互动效率的衡量建立在有投资者提问的基础之上，因此本书剔除了没有收到投资者提问的公司，最终得到 22346 个公司-年度观测值。为降低极端异常值对研究结果的影响，对除虚拟变量外的所有变量在 1%和 99%分位上进行缩尾处理。本书使用的数据处理软件为 Stata 15. 0。

（二）变量定义

1. 董秘信息提供能力（*Sec*）

对外披露和沟通信息是董秘最重要的职责定位。董秘信息提供能力，是指董秘全面了解公司经营情况，获取和掌握充分的信息资源，并有能力对公司信息进行判断和预测，为信息使用者提供有效信息服务的能力（周建等，2018）。董秘信息提供能力反映在信息资源占有度、专业能力、职业经验以及对业务财务信息的掌握等诸多方面。本书根据相关文献（毛新述等，2013；姜付秀等，2016a），选取以下四项指标，构建了综合性指标衡量公司董秘的信息提供能力：

（1）是否为金牌董秘（*Sec_gold*）。《新财富》杂志自2005年推出“金牌董秘”评选活动，对国内上市公司董秘的综合能力进行公开评价，该项评选活动得到市场参与者的广泛认可，并逐渐成为学术界及业界评价董秘能力的重要标准。罗进辉等（2015）认为，金牌董秘通常更加勤勉尽职，积极对外沟通信息。金牌董秘具有更高的职业声誉，且信息资源获取能力更强，具有较强的信息提供能力。据此，本书设置金牌董秘虚拟变量 *Sec_gold*，如果公司 i 的董秘在 t 年内被评选为金牌董秘，则 *Sec_gold* 取值为1，否则取值为0。

（2）董秘专业技能（*Sec_prof*）。董秘的专业技能影响履职效果。作为资本市场的信息桥梁，董秘提供信息服务功能需要具备扎实的金融、财务、法律等专业知识，掌握公司治理和资本市场规范运作，具有一定的经验和从业背景。朱琳等（2021）认为，会计、财务、经济、法律、金融、企业管理类专业背景与信息披露工作高度相关，拥有以上专业背景的董秘接受过信息披露和公司治理相关知识的系统学习，具备资本市场运作相关的专业知识和经验积累，在与外部投资者沟通的过程中展现出更强的信息能力。参照此研究，本书设置董秘专业能力虚拟变量 *Sec_prof*，若董秘拥有上述相关专业职称或资格证书，则认为其信息提供能力较强，*Sec_prof* 取值为1，否则取值为0。

（3）董秘与财务总监兼任（*Sec_cfo*）。新媒体平台中投资者的提问和质询涉及大量会计类、财务类专业内容，董秘需要利用相关领域的专业知识提供解答。上市公司财务总监是公司财务信息的生产者，董秘负责对外披露相关的具体事务，是信息发布者。董秘与财务总监兼任有利于提高信息沟通效率。已有研究表明，由财务总监兼任的董秘更加了解公司的经营和财务状况，能够提供更加专业的信息解读，提高公司信息披露质量（彭情和郑宇新，2018）。因此，本书认为董秘与财务总监兼任时，董秘具有较强的信息提供能力，并设置董秘与财务总监兼任虚拟变量 *Sec_cfo*，若董秘和财务总监由同一人担任则取值为 1，否则取值为 0。

（4）董秘兼职（*Sec_part*）。董秘在其他公司担任职务的现象较为普遍。在其他公司任职使董秘参与到广泛的社会和商业网络中，具备更多履行职责所需的知识、技能和经验，能够更好地掌握行业和市场信息。因此，在其他单位兼职的董秘被认为具备较强的信息提供能力。据此，本书设置董秘兼职虚拟变量 *Sec_part*，若董秘同时在其他公司任职则取值为 1，否则取值为 0。

借鉴周建等（2018）的研究，本书对以上四项指标加总求和，构造董秘信息提供能力综合性指标 *Sec*，*Sec* 取值在 0~4，*Sec* 越大，表明董秘的信息提供能力越强。

2. 信息互动效率（*Inteff*）

信息互动效率反映了上市公司能否在新媒体平台中与投资者进行有效的信息沟通。以投资者互动平台为例，并非所有投资者提问都能得到上市公司明确、及时、充分的答复和解释。借鉴已有研究（张继勋和韩冬梅，2015；丁慧等，2018a；杨凡和张玉明，2020），本书分别从互动答复率（*Inteff_ratio*）、互动时效性（*Inteff_time*）和互动充分性（*Inteff_suf*）三个方面衡量信息互动效率：①互动答复率衡量了上市公司有效答复投资者提问的程度，为公司有效答复数量与投资者提问数量的比值。*Inteff_ratio* 越高，表明投资者提问获得答复的比例越高，上市公司越重视与投资者沟通信息。②互动时效性衡量了上市公司对投资者提问进行答复的及时程度。本书使用 Python2. 7 软件抓取了互动平台中提问和回复的具体时间，计算提问和答复之间的时间间隔的均值取自然对数，衡量互动时效性。*Inteff_time* 越大，表明答复用时越长，互动时效性越低。③互动充分性反映了上市公司对投资者提问予以答复的详细程度和信息量。张新民等（2021）认为，信息披露充分与否与披露内容的长度相关，互动时答复的字数越多，在一定程度上表明上市公司为信息使用者决策披露的信息越充分。因此，本书采用正则表达式计算了上市公司答复的字数（不包括标点符号），取平均值后取自然对数衡量互动的充分性。*Inteff_suf* 越大，表明答复内容越多，互动充分性越高。此外，本书发现，新媒体平台中部分答复没有释放任何增量信息，对于投资者而言不具有决策有用性，如上市公司仅回复“谢谢关注”“感谢您的关注”“请查看公司年报”等内容。为了消除此类低质量答复的干扰，本书将这类答复视为无效答复。

3. 控制变量

参考已有文献（何贤杰等，2016；王铁军，2020），本书控制了其他可能影响新媒体环境下投资者与上市公司信息互动行为的因素，具体包括公司基本特征及公司治理因素，同时控制了行业（*Ind*）和年度（*Year*）固定效应。具体变量定义如表 4-13 所示。

表 4-13　变量定义

变量类型	变量名称	变量符号	变量定义
被解释变量	信息互动答复率	*Inteff_ratio*	深圳证券交易所“互动易”和上海证券交易所“e 互动”平台中董秘有效答复数量与投资者提问数量的比值
	信息互动时效性	*Inteff_time*	深圳证券交易所“互动易”和上海证券交易所“e 互动”平台中董秘答复与投资者提问之间的时间间隔的均值取自然对数
	信息互动充分性	*Inteff_suf*	深圳证券交易所“互动易”和上海证券交易所“e 互动”平台中董秘答复字数的均值取自然对数
解释变量	董秘信息提供能力	*Sec*	董秘信息提供能力综合性指标，具体计算方法已在前文详细说明
控制变量	资产规模	*Size*	总资产取自然对数
	资产负债率	*Lev*	负债总额/总资产×100%
	营业收入增长率	*Growth*	（当期营业收入-上期营业收入）/上期营业收入×100%
	账面市值比	*Bm*	资产的账面价值/市值×100%
	股权集中度	*Fsh*	第一大股东的持股数量/总股数×100%
	两职合一	*Dual*	虚拟变量，董事长和总经理由一人担任则取值为 1，否则取值为 0

续表

变量类型	变量名称	变量符号	变量定义
控制变量	董事会规模	*Board*	董事会人数取自然对数
	独立董事比例	*Outdir*	独立董事人数/董事会人数×100%
	产权性质	*Soe*	虚拟变量，国有企业则取值为 1，否则取值为 0
	行业	*Ind*	按照证监会《上市公司行业分类指引》（2012）设置行业虚拟变量
	年份	*Year*	年份虚拟变量

（三）模型构建

为探究上市公司董秘的信息提供能力是否影响新媒体环境下信息互动效率，本书采用模型（4-4）进行实证检验：

$$Inteff_{i,t} = \alpha_0 + \alpha_1 Sec_{i,t} + \alpha_2 Controls_{i,t} + \sum Ind + \sum Year + \varepsilon_{i,t} \tag{4-4}$$

式中，被解释变量 $Inteff_{i,t}$表示公司 i 在 t 期的信息互动效率指标，解释变量 $Sec_{i,t}$表示公司 i 的董秘在 t 期的信息提供能力，$Controls_{i,t}$表示控制变量，参数 α_1 表示董秘的信息提供能力对新媒体信息互动效率的影响。

三、实证结果

（一）描述性统计

表 4-14 列示了主要变量的描述性统计。互动答复率 *Inteff_ratio* 的均值和中位数分别为 0. 924 和 1. 000，表明样本公司较为重视通过新媒体途径与投资者信息互动，回复投资者提问的比例平均高达 92. 4%，超过一半的公司能够对投资者的提问全部答复，平均信息互动效率较高。然而 *Inteff_ratio* 的最小值为 0. 167，说明也有公司仅回复了 16. 7%的投资者提问，此类公司利用新媒体与外部股东进行信息沟通的效率应当进一步提升。互动时效性 *Inteff_time* 的均值为 4. 970，最大值和最小值分别为 9. 196 和 2. 476，表明样本公司回复投资者的提问所需时长平均为 144. 027 小时，最长时间间隔为 9857. 620 小时，最短用时 11. 894 小时，说明在信息互动时效性方面，样本公司之间的差距较大。互动充分性 *Inteff_suf* 的均值为 4. 125，最大值和最小值分别为 5. 346 和

2.833，表明样本公司平均答复字数为61.868，整体上看，信息互动具有一定的充分性。董秘信息提供能力 *Sec* 的均值和中位数分别为 0.882 和 1.000，标准差为0.690，最大值为4.000，最小值为0.000，表明样本公司中董秘的信息提供能力整体上有待提升，且样本间存在一定差异。

表 4-14　描述性统计

变量	样本量	均值	中位值	标准差	最大值	最小值
Inteff_ratio	22346	0.924	1.000	0.170	1.000	0.167
Inteff_time	22346	4.970	4.695	1.430	9.196	2.476
Inteff_suf	22346	4.125	4.129	0.486	5.346	2.833
Sec	22346	0.882	1.000	0.690	4.000	0.000
Size	22346	22.124	21.960	1.269	26.040	19.677
Lev	22346	0.422	0.411	0.211	0.940	0.053
Growth	22346	0.181	0.106	0.471	3.157	-0.619
Bm	22346	0.611	0.610	0.249	1.165	0.102
Fsh	22346	0.342	0.319	0.145	0.738	0.092
Dual	22346	0.288	0.000	0.453	1.000	0.000
Board	22346	2.123	2.197	0.197	2.708	1.609
Outdir	22346	0.375	0.357	0.053	0.571	0.333
Soe	22346	0.331	0.000	0.470	1.000	0.000

从控制变量统计结果来看，*Size* 的均值为22.124，标准差为1.269。资产负债率 *Lev* 的均值为0.422，标准差为0.211，表明样本公司的平均负债水平为42.2%，且样本间存在一定的差异。*Growth* 的均值为 0.181，标准差为0.471，最大值和最小值分别为3.157和-0.619，表明样本公司营业收入增长率平均为18.1%，且样本间存在较大的差异。*Fsh* 的均值为 0.342，标准差为0.145，最大值和最小值分别为 0.738 和 0.092，说明我国上市公司的股权集中度普遍偏高，一股独大的现象比较严重，中小股东的利益诉求和权益保护应当受到关注。*Dual* 的均值为 0.288，表明有 28.8%的样本公司董事长与总经理由同一人担任。*Board* 的均值为2.123，*Outdir* 的均值为0.375，表明样本公司独立董事占董事会人数的比例平均为37.5%，我国上市公司的董事会在形式上具有一定的独立性，且样本间差异不大。*Soe* 的均值为0.331，表明超过30%的样本公司为国有企业。以上主要变量的分布情况与前人研究基本一致。

（二）相关性分析

表4-15是主要变量的Pearson相关系数。*Inteff_ratio*与*Inteff_time*之间的相关系数显著为负，与*Inteff_suf*之间的相关系数显著为正，初步说明本书构造的变量符合实际情况。与预期一致的是，*Inteff_ratio*、*Inteff_suf*与*Sec*的相关系数均显著为正，表明新媒体环境中投资者与上市公司的互动答复率和互动充分性与董秘的信息提供能力呈正相关，初步验证了假设4-2。*Inteff_time*与*Sec*的相关系数不显著，互动时效性与董秘信息提供能力之间的关系需要进一步的实证检验。

表4-15　相关性分析

变量	*Inteff_ratio*	*Inteff_time*	*Inteff_suf*	*Sec*	*Size*	*Lev*	*Growth*
Inteff_ratio	1						
Inteff_time	-0.193***	1					
Inteff_suf	0.075***	-0.087***	1				
Sec	0.012*	0.004	0.016**	1			
Size	-0.090***	0.221***	0.073***	0.121***	1		
Lev	-0.078***	0.144***	0.019***	0.045***	0.480***	1	
Growth	-0.008	-0.019***	-0.003	0.006	0.033***	0.025***	1
Bm	-0.026***	0.067***	0.119***	0.045***	0.563***	0.336***	-0.039***
Fsh	0.024***	0.025***	0.058***	0.061***	0.185***	0.026***	0.007
Dual	0.013**	-0.065***	-0.009	-0.030***	-0.177***	-0.119***	0.025***
Board	-0.004	0.073***	0.025***	0.068***	0.247***	0.123***	-0.013*
Outdir	-0.024***	-0.012*	0.005	-0.009	-0.018***	-0.004	-0.001
Soe	-0.049***	0.149***	0.005	0.136***	0.349***	0.263***	-0.066***
变量	*Bm*	*Fsh*	*Dual*	*Board*	*Outdir*	*Soe*	
Bm	1						
Fsh	0.133***	1					
Dual	-0.111***	-0.034***	1				
Board	0.157***	0.014**	-0.178***	1			
Outdir	-0.037***	0.032***	0.122***	-0.550***	1		
Soe	0.221***	0.181***	-0.288***	0.258***	-0.068***	1	

注：模型中所有连续变量在1%和99%分位上进行了缩尾处理；***、**、*分别表示在1%、5%和10%的统计水平上显著。

Inteff_ratio 与公司治理变量 *Fsh*、*Dual* 的相关系数显著为正，表明当不考虑其他因素影响时，股权集中度、两职合一与信息互动过程中上市公司的答复率呈正相关。*Inteff_ratio* 与 *Size*、*Lev*、*Bm*、*Outdir*、*Soe* 的相关系数显著为负，初步表明当不考虑其他因素影响时，资产规模、资产负债率、账面市值比、独立董事比例、产权性质与互动答复率呈负相关。*Inteff_time* 与公司特征变量 *Size*、*Lev*、*Bm*，以及公司治理变量 *Fsh*、*Board*、*Soe* 之间的相关系数显著为正，与 *Growth*、*Dual*、*Outdir* 的相关系数显著为负。*Inteff_suf* 与公司特征变量 *Size*、*Lev*、*Bm*，以及公司治理变量 *Fsh*、*Board* 之间的相关系数显著为正，与其他变量均没有表现出显著的相关性。此外，控制变量之间的相关系数不超过 0. 6，VIF 检验表明模型不存在严重的多重共线性问题。由于相关系数矩阵只检验了变量两两之间的相关性，本书将考虑其他因素的影响，对变量之间的关系进行回归分析。

（三）多元回归结果

表 4-16 列报了董秘信息提供能力对新媒体环境下信息互动效率的回归结果。第（1）列以 *Inteff_ratio* 为被解释变量，*Sec* 的回归系数为 0. 0056，并在 1%的统计水平上显著（t=3. 369），表明董秘的信息提供能力与上市公司在新媒体中对投资者提问的答复率呈正相关，符合研究的理论预期。第（2）列以 *Inteff_time* 为被解释变量，*Sec* 的回归系数为-0. 0607，并在 1%的统计水平上显著（t=-4. 502），表明董秘的信息提供能力与上市公司在新媒体平台中对投资者提问的答复时长呈负相关，即董秘的信息提供能力提高了新媒体信息互动的时效性，符合研究的理论预期。第（3）列以 *Inteff_suf* 为被解释变量，*Sec* 的回归系数为 0. 0124，并在 1%的统计水平上显著（t=2. 685），表明随着董秘信息提供能力的提升，上市公司在新媒体平台中对投资者提问给予了更具信息量的答复，即提高了新媒体信息互动的充分性。以上结果表明，董秘的个人特征对信息互动效率具有重要的作用。在控制其他可能的影响因素后，董秘的信息提供能力影响新媒体环境下信息互动的效率，随着董秘信息能力的提升，信息互动的答复率、时效性和充分性均会提高，从而验证了假设 4-2。

表 4-16　董秘信息提供能力对新媒体环境下信息互动效率的回归结果

变量	(1)	(2)	(3)
	Inteff_ratio	*Inteff_time*	*Inteff_suf*
Sec	0.0056*** (3.369)	−0.0607*** (−4.502)	0.0124*** (2.685)
Size	−0.0100*** (−7.545)	0.1963*** (18.212)	0.0370*** (9.983)
Lev	−0.0392*** (−6.085)	0.3137*** (5.993)	−0.0459** (−2.552)
Growth	−0.0026 (−1.071)	−0.0696*** (−3.518)	−0.0016 (−0.237)
Bm	0.0315*** (4.980)	−0.3272*** (−6.374)	0.0124 (0.704)
Fsh	0.0367*** (4.509)	−0.0902 (−1.362)	0.1452*** (6.385)
Dual	−0.0015 (−0.573)	−0.0102 (−0.480)	−0.0069 (−0.940)
Board	0.0003 (0.034)	0.1408** (2.348)	0.0206 (1.002)
Outdir	−0.0677*** (−2.620)	0.0168 (0.080)	0.0876 (1.214)
Soe	−0.0133*** (−4.819)	0.2206*** (9.807)	0.0433*** (−5.531)
Ind	控制	控制	控制
Year	控制	控制	控制
_CONS	1.1728*** (35.901)	0.9848*** (3.709)	3.1060*** (34.053)
N	22346	22346	22346
Adj_R^2	0.0232	0.0911	0.0717

注：模型中所有连续变量在1%和99%分位上进行了缩尾处理；***、**分别表示在1%、5%的统计水平上显著，括号内为 t 值。

四、异质性研究

信息供给视角下，董秘的信息提供能力是信息供需双方互动效率的影响因素。公司对外披露信息的根本目的是通过增加信息供给来缓解信息不对称，增强市场投资者的价值认同（伊志宏等，2010；罗进辉等，2015）。根据已有研究，上市公司的融资需求程度、盈余消息性质会影响上市公司与市场及投资者的信息沟通意愿。因此，研究将进一步从融资需求程度、盈余消息性质两个方面进行异质性检验，深入探究董秘信息提供能力与新媒体信息互动效率之间的情境因素。

（一）融资需求的异质性分析

信息披露能够缓解资本需求方和供给方之间的信息不对称，进而降低融资成本（曾颖和陆正飞，2006；何玉和张天西，2006）。因此，融资需求在很大程度上影响了上市公司的信息提供意愿。有较大融资需求的公司管理层更有动力自愿披露公司财务状况和发展前景相关的信息。当面临较高的融资需求时，为使投资者更充分地了解公司，获得市场认可和信任，扩大融资规模、降低融资成本，董秘也会更加努力地与外部股东沟通信息，提高公司的信息透明度，传递企业价值。因此，研究预期当公司的融资需求较高时，董秘信息提供能力与新媒体信息互动效率的关系更显著。借鉴 Hadlock 和 Pierce（2010）的做法，研究以 *SA* 指数反映融资约束程度，*SA* 指数越大，表明融资约束问题越严重，外部融资需求越高。计算方法如模型（4-5）所示：

$$SA_{i,t}=-0.737Size_{i,t}+0.043Size_{i,t^2}-0.040Age_{i,t} \tag{4-5}$$

为检验融资需求不同时，董秘信息提供能力对信息互动效率的差异化影响，研究按照 *SA* 指数的中位数将全样本分为融资需求较高和较低两组，分组回归结果见表 4-17。第（1）列和第（2）列以 *Inteff_ratio* 为被解释变量，融资需求较高的组中，*Sec* 的回归系数在 1%的统计水平上显著为正，而在融资需求较低的组中 *Sec* 的回归系数不显著，表明董秘信息提供能力对信息互动答复率的影响在公司融资需求较高时更加显著。第（3）列和第（4）列以 *Inteff_time* 为被解释变量，*Sec* 的回归系数在两组子样本中均显著为负，组间系数差异检验显示两组系数不存在显著差异，表明不论融资需求程度高低，董秘的信息提供能力对新媒体信息互动时效性的促进作用始终显著存在。第（5）列和第（6）列以 *Inteff_suf* 为被解释变量，同样地，*Sec* 的回归系数在两组样本中均显著，且差异检验显示两组系数不存在显著差异，表明董秘的信息提供能力对新媒体信息互动充分性的积极影响不随融资需求的变化而改变。

表 4-17 融资需求的分组回归结果

变量	(1)	(2)	(3)	(4)	(5)	(6)
	Inteff_ratio	*Inteff_ratio*	*Inteff_time*	*Inteff_time*	*Inteff_suf*	*Inteff_suf*
	High-SA	*Low-SA*	*High-SA*	*Low-SA*	*High-SA*	*Low-SA*
Sec	0.0102*** (3.910)	0.0016 (0.746)	-0.0570*** (-2.718) [p=0.0088]	-0.0499*** (-2.939) [p=0.7890]	0.0127* (1.808)	0.0149** (2.447) [p=0.8121]
Size	-0.0059*** (-2.670)	-0.0108*** (-6.320)	0.1601*** (8.999)	0.2130*** (15.352)	0.0490*** (8.247)	0.0316*** (6.337)
Lev	-0.0435*** (-4.567)	-0.0262*** (-2.896)	0.4083*** (5.330)	0.0261 (0.354)	-0.0300 (-1.204)	-0.0130 (-0.491)
Growth	-0.0020 (-0.557)	-0.0046 (-1.386)	-0.0697** (-2.460)	-0.0540** (-1.979)	0.0100 (1.047)	-0.0144 (-1.467)
Bm	0.0047 (0.487)	0.0558*** (6.537)	-0.4128*** (-5.364)	-0.1439** (-2.070)	0.0044 (0.174)	0.0235 (0.940)
Fsh	0.0137 (1.060)	0.0464*** (4.420)	-0.0783 (-0.752)	0.0557 (0.652)	0.1032*** (2.980)	0.1171*** (3.808)
Dual	0.0015 (0.331)	-0.0061* (-1.940)	-0.0801** (-2.252)	0.0452* (1.770)	-0.0338*** (-2.825)	0.0035 (0.380)
Board	-0.0039 (-0.357)	0.0044 (0.136)	0.0439 (0.500)	0.2258*** (2.782)	-0.0298 (-1.013)	0.0718** (2.160)
Outdir	-0.0298 (-0.780)	-0.1090*** (-3.139)	-0.4004 (-1.300)	0.6421** (2.272)	0.0238 (0.230)	0.1430 (1.406)
Soe	-0.0030 (-0.768)	-0.0211*** (-4.524)	0.1539*** (4.893)	0.1814*** (4.772)	-0.0367*** (-3.537)	0.0003 (0.020)
Ind	控制	控制	控制	控制	控制	控制
Year	控制	控制	控制	控制	控制	控制
_CONS	1.0960*** (21.058)	1.1745*** (27.157)	2.1581*** (5.154)	0.1934 (0.549)	3.1045*** (22.794)	3.1192*** (24.614)
N	11105	11241	11105	11241	11105	11241
Adj_R^2	0.0167	0.0349	0.0642	0.1346	0.0540	0.0791

注：模型中所有连续变量在1%和99%分位上进行了缩尾处理；***、**、*分别表示在1%、5%和10%的统计水平上显著，括号内为 t 值；方括号内为组间系数差异检验 p 统计量。

（二）盈余消息的异质性分析

基于有限关注心理，投资者对利好消息和利空消息的反应表现出非对称性，负面消息能够引发更大的市场反应（张丽霞，2016）。盈余是投资者重点关注的业绩指标。相较于较为正面的盈余消息，上市公司管理层会尤其关注负面盈余消息引发的舆论风险和股价波动，更加积极地与投资者互动沟通。本书检验在盈余消息性质不同的情况下，董秘的信息提供能力与新媒体信息互动效率之间的关系是否存在差异。以公司当期每股收益与上期每股收益的差额 *DEPS* 界定盈余消息的性质，若 *DEPS* 指标高于行业-年度中位数则为正面盈余消息组（*High-DEPS*），若 *DEPS* 指标低于行业-年度中位数则为负面盈余消息组（*Low-DEPS*）。表 4-18 列示了分组回归结果。第（1）列和第（2）列以 *Inteff_ratio* 为被解释变量，负面盈余消息组中，*Sec* 的回归系数显著为正，而在正面盈余消息组中 *Sec* 的回归系数为正但不显著，且两组系数存在显著差异，表明董秘的信息提供能力对信息互动答复率的促进作用更加显著地表现在存在负面盈余消息的公司中。第（3）列和第（4）列以 *Inteff_time* 为被解释变量，*Sec* 的回归系数在两组子样本中均显著为负，且不存在显著差异，表明不论盈余消息性质如何，董秘的信息提供能力始终能够提高公司与投资者信息互动的时效性。第（5）列和第（6）列以 *Inteff_suf* 为被解释变量，对于盈余消息更加负面的样本，*Sec* 的回归系数显著为正，而在正面盈余消息组中不显著，且两组系数在统计上具有显著的差异，表明董秘的信息提供能力对信息互动充分性的促进作用更加显著地表现在负面盈余消息的样本中。

表 4-18 盈余消息的分组回归结果

变量	(1)	(2)	(3)	(4)	(5)	(6)
	Inteff_ratio	*Inteff_ratio*	*Inteff_time*	*Inteff_time*	*Inteff_suf*	*Inteff_suf*
	High-DEPS	*Low-DEPS*	*High-DEPS*	*Low-DEPS*	*High-DEPS*	*Low-DEPS*
Sec	0.0025 (1.147)	0.0098*** (3.743) [p=0.0277]	-0.0551*** (-3.089)	-0.0638*** (-3.092) [p=0.7446]	0.0054 (0.901)	0.0221*** (3.032) [p=0.0760]
Size	-0.0098*** (-5.796)	-0.0107*** (-4.928)	0.1915*** (13.590)	0.2149*** (12.595)	0.0316*** (6.629)	0.0448*** (7.444)

续表

变量	(1)	(2)	(3)	(4)	(5)	(6)
	Inteff_ratio	*Inteff_ratio*	*Inteff_time*	*Inteff_time*	*Inteff_suf*	*Inteff_suf*
	High-DEPS	*Low-DEPS*	*High-DEPS*	*Low-DEPS*	*High-DEPS*	*Low-DEPS*
Lev	-0. 0335 *** (-3. 848)	-0. 0443 *** (-4. 561)	0. 2735 *** (3. 772)	0. 4061 *** (5. 318)	-0. 0343 (-1. 401)	-0. 0487 * (-1. 810)
Growth	-0. 0051 (-1. 483)	-0. 0004 (-0. 111)	-0. 0405 (-1. 421)	-0. 0940 *** (-3. 434)	-0. 0064 (-0. 661)	0. 0040 (0. 411)
Bm	0. 0316 *** (3. 894)	0. 0320 *** (3. 108)	-0. 3262 *** (-4. 840)	-0. 4083 *** (-5. 049)	0. 0395 * (1. 734)	-0. 0333 (-1. 167)
Fsh	0. 0281 *** (2. 682)	0. 0473 *** (3. 622)	0. 0503 (0. 577)	-0. 3418 *** (-3. 333)	0. 1439 *** (4. 879)	0. 1278 *** (3. 537)
Dual	0. 0029 (0. 858)	-0. 0075 * (-1. 792)	-0. 0331 (-1. 179)	0. 0117 (0. 356)	-0. 0040 (-0. 426)	-0. 0127 (-1. 099)
Board	-0. 0096 (-0. 991)	0. 0123 (1. 068)	0. 2055 ** (2. 562)	0. 0485 (0. 538)	0. 0366 (1. 349)	-0. 0016 (-0. 051)
Outdir	-0. 0916 *** (-2. 720)	-0. 0347 (-0. 860)	-0. 2108 (-0. 753)	0. 3363 (1. 061)	0. 1243 (1. 314)	0. 0468 (0. 419)
Soe	-0. 0127 *** (-3. 445)	-0. 0151 *** (-3. 467)	0. 1578 *** (5. 145)	0. 3254 *** (9. 539)	-0. 0418 *** (-4. 032)	-0. 0427 *** (-3. 553)
Ind	控制	控制	控制	控制	控制	控制
Year	控制	控制	控制	控制	控制	控制
_CONS	1. 1944 *** (28. 410)	1. 1565 *** (21. 967)	1. 1244 *** (3. 217)	0. 5012 (1. 212)	3. 1636 *** (26. 778)	3. 0138 *** (20. 677)
N	12925	9421	12925	9421	12925	9421
Adj_R^2	0. 0235	0. 0219	0. 0937	0. 0930	0. 0698	0. 0721

注：模型中所有连续变量在1%和99%分位上进行了缩尾处理；***、**、* 分别表示在1%、5%和10%的统计水平上显著，括号内为 t 值；方括号内为组间系数差异检验 p 统计量。

五、稳健性检验

（一）增加可能的遗漏变量

本书在上述检验中控制了公司层面的个体固定效应以减少遗漏变量问题。借鉴孙文章（2021）的研究结果，本书进一步采用引入遗漏变量的方法进行稳健性检验，具体而言，本书尝试加入可能遗漏的董秘特征变量和公司治理变量，包括董秘学术背景 *Acadbg*（虚拟变量，董秘具有学术背景则取值为 1，否则取值为 0）、董秘学历 *Edu*（董秘具有本科以下学历、本科学历、硕士研究生学历、博士研究生学历依次取值为 1～4）、机构投资者持股比例 *Inhld*（机构投资者持股数量占总股数的比例）。表 4-19 显示，当以 *Inteff_ratio* 和 *Inteff_suf* 为被解释变量时，*Sec* 的回归系数在 1%的水平上显著为正；当以 *Inteff_time* 为被解释变量时，*Sec* 的回归系数在 1%的水平上显著为负，表明研究结论稳健。

表 4-19　引入遗漏变量的回归结果

变量	(1)	(2)	(3)
	Inteff_ratio	*Inteff_time*	*Inteff_suf*
Sec	0.0054*** (3.239)	-0.0610*** (-4.516)	0.0124*** (2.677)
Size	0.0054*** (3.239)	-0.0610*** (-4.516)	0.0327*** (8.306)
Lev	0.0054*** (3.239)	-0.0610*** (-4.516)	-0.0471*** (-2.624)
Growth	0.0054*** (3.239)	-0.0610*** (-4.516)	-0.0017 (-0.249)
Bm	0.0054*** (3.239)	-0.0610*** (-4.516)	0.0246 (1.361)
Fsh	0.0054*** (3.239)	-0.0610*** (-4.516)	0.1346*** (5.267)
Dual	0.0054*** (3.239)	-0.0610*** (-4.516)	-0.0062 (-0.838)

续表

变量	(1)	(2)	(3)
	Inteff_ratio	Inteff_time	Inteff_suf
Board	0.0054*** (3.239)	−0.0610*** (−4.516)	0.0203 (0.982)
Outdir	0.0054*** (3.239)	−0.0610*** (−4.516)	0.0890 (1.234)
Soe	0.0054*** (3.239)	−0.0610*** (−4.516)	−0.0478*** (−5.955)
Acadbg	0.0054*** (3.239)	−0.0610*** (−4.516)	−0.0314* (−1.880)
Edu	0.0054*** (3.239)	−0.0610*** (−4.516)	0.0288*** (6.031)
Inhld	0.0054*** (3.239)	−0.0610*** (−4.516)	0.0204 (1.180)
Ind	控制	控制	控制
Year	控制	控制	控制
_CONS	1.1467*** (33.888)	1.3503*** (4.914)	3.1221*** (33.066)
N	22346	22346	22346
Adj_R^2	0.0235	0.0934	0.0732

注：模型中所有连续变量在1%和99%分位上进行了缩尾处理；***、*分别表示在1%和10%的统计水平上显著，括号内为 t 值。

（二）改变研究样本

由于“互动易”和“e互动”平台分别于2010年和2013年上线运行，为提高样本量，前文将沪市和深市样本数据起始年份分别设为2010年和2013年。为使研究结论不受样本期间的影响，在稳健性检验中，本书使用2013—2020年样本数据，即去掉“互动易”平台自2010年1月1日至2012年12月31日的样本重新回归。表4-20报告了回归结果，样本量有所减少，*Sec* 的回归系数均在统计上显著，表明排除样本量对实证结果的影响后，本书结论没有改变。

表 4-20 改变研究样本的回归结果

变量	(1)	(2)	(3)
	Inteff_ratio	*Inteff_time*	*Inteff_suf*
Sec	0.0061*** (3.350)	-0.0574*** (-3.993)	0.0097** (2.026)
Size	-0.0098*** (-6.834)	0.2155*** (18.941)	0.0382*** (10.049)
Lev	-0.0433*** (-6.039)	0.4812*** (8.507)	-0.0337* (-1.783)
Growth	-0.0019 (-0.724)	-0.0734*** (-3.479)	-0.0015 (-0.218)
Bm	0.0324*** (4.630)	-0.4785*** (-8.657)	-0.0031 (-0.167)
Fsh	0.0412*** (4.559)	-0.1184* (-1.659)	0.1480*** (6.213)
Dual	-0.0030 (-1.049)	-0.0384* (-1.673)	0.0042 (0.544)
Board	-0.0046 (-0.565)	0.1025 (1.588)	0.0113 (0.524)
Outdir	-0.0815*** (-2.840)	-0.0003 (-0.001)	0.0745 (0.984)
Soe	-0.0156*** (-5.037)	0.2796*** (11.434)	-0.0448*** (-5.484)
Ind	控制	控制	控制
Year	控制	控制	控制
_CONS	1.2085*** (34.193)	0.2406 (0.862)	3.1146*** (33.423)
N	19364	19364	19364
Adj_R^2	0.0226	0.0805	0.0652

注：模型中所有连续变量在1%和99%分位上进行了缩尾处理；***、**、*分别表示在1%、5%和10%的统计水平上显著，括号内为 *t* 值。

（三）内生性检验

董秘信息提供能力与信息互动效率之间的关系可能存在一定的内生性问

题，如更注重与投资者信息互动效率的公司需要聘请能力更强的董秘作为信息桥梁。为了缓解内生性问题对研究结论的干扰，本书借助工具变量的两阶段最小二乘回归处理可能的内生性问题。借鉴罗进辉等（2015）、孙文章（2021）的研究，本书以董秘年龄的自然对数（*Sec_age*）为工具变量，理论上看董秘的年龄对其获取和沟通信息资源的能力产生影响，但难以直接影响上市公司与投资者信息互动的效率。表 4-21 显示，第一阶段 *F* 值为 35.77，大于临界值 10，通过了弱工具变量检验。第二阶段回归中，当以 *Inteff_ratio* 和 *Inteff_suf* 为被解释变量时，*Sec* 的回归系数显著为正；当以 *Inteff_time* 为被解释变量时，*Sec* 的回归系数显著为负，表明在采用工具变量法解决内生性问题后，本书结论不变。

表 4-21 工具变量法的回归结果

变量	(1)	(2)	(3)	(4)
	第一阶段	第二阶段		
	Sec	*Inteff_ratio*	*Inteff_time*	*Inteff_suf*
Sec_age	0. 6904*** (23. 850)			
Sec		0. 0058*** (3. 483)	-0. 5222*** (-5. 955)	0. 0137*** (2. 942)
Size	0. 0460*** (8. 708)	-0. 0104*** (-7. 927)	0. 2214*** (18. 436)	0. 0366*** (9. 939)
Lev	-0. 0427* (-1. 664)	-0. 0385*** (-6. 221)	0. 2796*** (5. 176)	-0. 0375** (-2. 156)
Growth	0. 0128 (1. 322)	-0. 0026 (-1. 080)	-0. 0661*** (-3. 254)	0. 0022 (0. 329)
Bm	-0. 0447* (-1. 777)	0. 0334*** (5. 403)	-0. 3459*** (-6. 560)	0. 0150 (0. 863)
Fsh	0. 1447*** (4. 462)	0. 0389*** (4. 830)	-0. 0226 (-0. 328)	0. 1415*** (6. 257)
Dual	0. 0269** (2. 575)	-0. 0014 (-0. 518)	0. 0008 (0. 038)	-0. 0080 (-1. 083)
Board	0. 0922*** (3. 134)	0. 0003 (0. 037)	0. 1972*** (3. 163)	0. 0261 (1. 267)

续表

变量	(1)	(2)	(3)	(4)
	第一阶段	第二阶段		
	Sec	*Inteff_ratio*	*Inteff_time*	*Inteff_suf*
Outdir	0. 2043** (1. 985)	-0. 0714*** (-2. 773)	0. 1098 (0. 509)	0. 1094 (1. 512)
Soe	0. 1129*** (9. 956)	-0. 0127*** (-4. 639)	0. 3000*** (10. 943)	-0. 0339*** (-4. 407)
Ind	控制	控制	控制	控制
Year	控制	控制	控制	控制
_CONS	-3. 1814*** (-19. 637)	1. 1643*** (37. 400)	0. 5805** (2. 055)	3. 2103*** (36. 714)
N	22346	22346	22346	22346
Adj_R^2	0. 0586	0. 0223	0. 0434	0. 0597

注：模型中所有连续变量在1%和99%分位上进行了缩尾处理；***、**、*分别表示在1%、5%和10%的统计水平上显著，括号内为 *t/z* 值。

第三节　本章小结

本章通过分析新媒体环境下信息互动的关系与过程，重点从信息需求诱因和信息供给动因的双重视角研究信息互动行为的影响因素。具体而言，在第一节中，从投资者信息需求的视角，对定期披露的信息含量（信息可读性和信息相似度）如何驱动新媒体环境下信息互动进行探讨，并从公司业绩波动性、投资者替代性信息来源两个方面进行异质性分析；在第二节中，从上市公司信息供给的视角，从多个维度构造了董秘信息提供能力指标和信息互动效率指标，对董秘的信息提供能力如何影响信息互动效率（互动答复率、互动时效性和互动充分性）进行检验，并从融资需求程度、盈余信息性质两个方面进行异质性分析。为保证结论可靠，通过改变关键变量测量、改变研究样本等方法进行一系列稳健性测试，并使用 Lead-Lag Change 检验、工具变量的两阶段最小二乘回归等方法解决潜在的内生性问题。

本章得到以下研究结论：①从信息需求的视角，定期披露信息含量的降低驱动了投资者通过新媒体渠道与上市公司进行信息互动。具体而言，面对定期披露信息可读性的降低、信息相似度的提高，投资者对法定披露以外的信息来源需求增加，通过新媒体渠道与上市公司进行更多的信息互动。②当公司业绩波动性较大时，定期披露的信息含量对信息互动的影响更显著。③当替代性信息来源有限时，即分析师发布的研究报告数量较少、投资者实地调研活动较少时，定期披露信息含量的降低驱动信息互动的作用更显著。④从信息供给的视角，作为公司的信息发布者，董秘的信息提供能力是影响新媒体环境下信息互动效率的重要因素。具体而言，董秘的信息提供能力越强，信息互动的答复率越高，互动时效性越强，互动充分性越高。⑤当面临较强的融资需求时，董秘的信息提供能力对信息互动答复率的影响更显著，但对信息互动时效性和充分性均没有表现出显著的差异化影响。⑥相较于正面盈余消息，当出现更加负面的盈余消息时，董秘信息提供能力与信息互动答复率和充分性之间的关系更显著，但对信息互动时效性的影响没有表现出显著差异。

第五章

新媒体环境下信息互动的信息效应

信息效率一直是资本市场研究领域的重要问题。市场参与者能否具备足够的信息能力对公司盈余做出迅速反应，上市公司能否有效地与市场及投资者沟通信息，决定了资本市场的运行效率和资源配置。随着互联网、大数据、云计算等新一代信息技术的迅速发展，网络论坛、股吧贴吧、社交媒体等新型信息媒介不断推出，深刻地重塑了资本市场主体的信息交互机制，推动了上市公司与投资者的信息传递模式从单向披露转变为双向互动。新媒体环境下，外部投资者与上市公司之间实现了低成本的信息交互和高效率的信息传递，对增强投资者信息能力，提高资本市场信息效率产生积极影响。在已有文献中，盈余公告后价格漂移和股价信息含量是新兴资本市场研究持续关注的重点问题，也是资本市场信息效率的重要体现（Ball and Brown，1968；Morck et al.，2000）。由于信息不对称的存在和信息使用者认知偏差，市场非完全有效，投资者难以快速、准确、充分地对公司资产信息进行快速反应，导致认知偏差和定价偏误，因而我国上市公司盈余公告后价格漂移现象普遍存在，加之股价信息含量明显不足，极大地阻碍了资源配置效率的提升。基于此，本书将聚焦新媒体的信息传递功能，从信息效应的角度研究新媒体环境下信息互动对市场信息效率的影响。具体而言，将从盈余公告后价格漂移和股价信息含量两个方面展开研究。

第一节　信息互动与盈余公告后价格漂移

一、理论分析与研究假设

基于有效市场假说，在完美有效的资本市场上，证券价格可以完全、准确、迅速地反映市场上所有可获得的信息，不存在超额利润。相对有效的市场中，价格将随着资产价值信息的改变而变化，并且随着信息的充分传播，股价将会浮动到合理的位置（Fama，1970）。然而，众多的实证研究发现，市场及投资者缺乏对公开信息中未预期盈余快速反应和充分吸收的能力，在上市公司发布盈余公告后的较长一段时期内，股价会朝意外盈余的方向持续运动漂移，经过一段时间的调整才能将所有信息反映在股价之中（Ball and Brown，1968）。文献将这一市场现象称为盈余公告后价格漂移（PEAD）。

研究认为，中国A股市场普遍存在盈余公告后价格漂移现象，市场价格发现功能有待进一步增强（于李胜和王艳艳，2006；孔东民，2008）。关于这一异象的成因，有些研究认为盈余公告后价格漂移异象反映了一些被忽略的风险（Kothari，2001），是风险溢价的结果。有些研究则认为盈余公告后价格漂移是由于直接或间接的市场交易成本的存在（Bernard and Thomas，1989；Bhushan，1994；Ng et al.，2008）或受投资者成熟度的制约（Bartov et al.，2000；Hirshleifer et al.，2008）。另有研究认为，信息传达机制，如公司信息披露质量、媒体的信息传播作用影响了盈余公告后价格漂移的程度（于李胜和王艳艳，2006）。在新兴市场中，绝大多数的研究从市场参与者成熟度的角度分析盈余公告后价格漂移现象的成因，认为市场及投资者的认知能力与盈余信息的市场反应密切相关。长期以来，我国投资者信息渠道有限，信息地位偏低，导致其对公开信息的获取、解读和处理能力不足，容易产生认知偏差。因此，在公司盈余公告发布后，投资者无法充分、快速地理解和利用公开信息，对未预期的盈余反应较为迟钝（于忠泊等，2012）。在投资者信息能力有限的情况下，盈余公告中的未预期盈余需要投资者较长时间的认知和吸收，股票价格也需要较长时期的调整，导致价格持续漂移。因此，投资者信息能力的提升被认为是缓解盈余公告后价格漂移的有效途径。

（网络）新媒体为投资者提供了与上市公司进行信息交互的新渠道，增强了投资者的信息能力（丁慧等，2018b），从而提高投资者对盈余信息快速反应的能力。一方面，新媒体改善了市场投资者的劣势信息地位，提高了投资者的信息获取能力。通过（网络）新媒体这一新的媒介形式，投资者能够主动与上市公司管理层直接交流，表达信息需求，进而增加上市公司的信息供给，便于投资者低成本、高效率、有针对性地获取最新、专业的市场信息，更新决策依据，有利于纠正认知偏差。另一方面，与法定信息披露不同，新媒体信息互动提高了市场及投资者的信息解读能力。传统模式下，法定的、强制性信息披露是单向式的信息流动，投资者仅能被动地接收晦涩难懂的信息内容。基于互联网的新媒体则实现了互动性的信息沟通，较专业的信息披露公告更适应投资者的信息需求，且易于理解。在信息互动的过程中，管理层使用通俗易懂的语言增进投资者对公司产品、经营情况、盈利模式、研发创新、高管履职等情况的了解，还能够回应市场不实传闻，消除公司与投资者之间的信息壁垒，提高投资者对上市公司基本面的分析能力。此外，新媒体信息互动还具有开放性和溢出性（Miller and Skinner，2015），扩大和增强了公司信息在资本市场的传播范围和影响效果。没有参与互动的投资者也可以平等地查看、分享其他市场参与者的互动内容，学习积累其他投资者与上市公司管理层的交流经验，增强自身处理信息的能力。丁慧等（2018b）认为，利用社交媒体与上市公司频繁互动提高了投资者的信息能力，修正了市场盈余预期。因此，可以预期的是，新媒体环境下的信息互动能够增强投资者的信息获取和解读能力，纠正投资者认知偏差，促使其对盈余公告信息中的未预期盈余进行快速、准确的反应，从而有效地抑制盈余公告后价格漂移现象，提高市场效率。据此，本书提出如下假设：

假设 5-1：新媒体环境下信息互动水平越高，盈余公告后价格漂移的程度越低。

二、研究设计

（一）样本选择与数据来源

本书以中国沪深 A 股上市公司为研究样本。数据来源方面，信息互动数据来自“互动易”和“e 互动”平台的“问答”板块，涵盖自平台运行之初（“互动易”：2010 年；“e 互动”：2013 年）至 2020 年 12 月 31 日上市公司与投资者的互动数据。具体地，本书使用 Python2. 7 软件抓取和存储了研究期间投资者与上市公司的所有互动问答及其具体时间。其他数据来自 CSMAR 数据库。在初始数据的基础上，本书剔除金融类公司样本、ST 和 *ST 公司以及所需数据缺失或异常的样本，最终得到24557个公司-年度观测值。为降低极端异常值对研究结果的影响，对除虚拟变量外的所有变量在1%和99%分位上进行缩尾处理。本书使用的数据处理软件为Stata 15.0。

（二）变量定义

1. 未预期盈余（*UE*）

资本市场领域的研究中，未预期盈余主要有两种主流的度量方法：随机游走模型和分析师预测模型。其中，随机游走模型将上期或前几期的实际盈余作为预测值，根据公司当期盈余和历史盈余计算未预期盈余（Skinner，1994；杨德明等，2007）。分析师预测模型基于分析师的预测数据，将当期实际盈余与分析师预测盈余之间的差额视为未预期盈余。我国学者研究认为，分析师预测更接近市场预期（丁慧等，2018b），因此本书使用分析师预测模型，以公司当期每股收益与分析师预测每股收益均值之间的差值为未预期盈余。当未预期盈余为正时，说明公司实际业绩表现高于市场预期，此时股票价格会出现正向反应；当未预期盈余为负时，说明公司实际表现低于市场预期，股票价格会随之下降。为保证结果稳健，后续研究中还使用不存在漂移的随机游走模型计量未预期盈余，进行稳健性检验。

2. 累计超额收益率（*CAR*）

累计超额收益率可以衡量市场在一段时期内对盈余公告信息的反应。本书采用市场模型法计算盈余公告的市场反应。首先，利用公式（5-1）计算每日超额收益率$AR_{i,t}$。随后，根据公式（5-2）即可得到事件窗口期［t_1，t_2］内的累计超额收益率$CAR_{i,t}$。

$$AR_{i,t}=R_{i,t}-\hat{\beta}_0-\hat{\beta}_1 R_{m,t} \tag{5-1}$$

$$CAR_{i,t}=\sum_{t_1}^{t_2} AR_{i,t} \tag{5-2}$$

式中，$R_{i,t}$为公司i在第t期的股票收益率，$R_{m,t}$为市场m在第t期的市场收益率，利用设定的估计窗口期估算正常收益率，计算实际收益率与正常收益率的差额得到每日超额收益率$AR_{i,t}$。

本书运用事件研究法，将盈余公告日定义为事件发生日，检验新媒体信息互动对盈余公告后价格漂移的影响。基于国内外学者的研究和中国市场实际情况，本书将盈余公告前150个至前30个交易日[-150,-30]作为估计窗口期，计算正常收益率。已有文献指出，中国A股市场的盈余公告后价格漂移趋势与西方国家不同，A股市场的股价漂移时间更短。为更加准确地测量股价漂移，本书将事件窗口期定义为盈余公告后2个至20个交易日[2,20]，计算累计超额收益率。

3. 信息互动水平(*Interact*)

在新媒体平台中，投资者的提问和上市公司的答复构成完整的信息互动过程，在这一过程中，无论是投资者的提问还是公司的答复均表现出增量的信息供给，有利于投资者信息获取和处理能力的提升。本书将"互动易"和"e互动"平台中投资者提问数量和上市公司的答复数量之和加1取自然对数作为信息互动水平(*Interact*)的代理变量。需要说明的是，本书发现，新媒体平台中存在少量公司答复没有释放任何增量信息，对于投资者而言不具有决策有用性，如上市公司仅回复"谢谢关注""感谢您的关注""请查看公司年报"等内容。为了消除此类低质量答复的干扰，本书将这类答复视为无效答复，不纳入上市公司答复总数的计算过程。

4. 控制变量

参照现有盈余公告市场反应的相关文献做法(Drake et al.,2012；于忠泊等,2012)，本书控制了资产规模(*Size*)、资产负债率(*Lev*)、账面市值比(*Bm*)、股票换手率(*Tun*)、股价波动率(*Vol*)等变量，以及行业(*Ind*)和年度(*Year*)固定效应。具体变量定义如表5-1所示。

表5-1 变量定义

变量类型	变量名称	变量符号	变量定义
被解释变量	累计超额收益率	*CAR*	利用市场模型法计算出的盈余公告日后2个至20个交易日期间的累计超额收益率
解释变量	未预期盈余	*UE*	基于分析师预测模型计算的未预期盈余变量，计算方法为公司实际盈余与分析师预测盈余均值之间的差值
	信息互动水平	*Interact*	深圳证券交易所"互动易"和上海证券交易所"e互动"平台中投资者提问数量和上市公司有效答复数量之和加1取自然对数

续表

变量类型	变量名称	变量符号	变量定义
控制变量	资产规模	*Size*	总资产取自然对数
	资产负债率	*Lev*	负债总额/总资产×100%
	账面市值比	*Bm*	资产的账面价值/市值×100%
	股票换手率	*Tun*	当年度以流通股数计算的日均股票换手率
	股价波动率	*Vol*	经市场调整后日收益率的标准差
	行业	*Ind*	按照证监会《上市公司行业分类指引》(2012)设置行业虚拟变量
	年份	*Year*	年份虚拟变量

（三）模型构建

为探究新媒体环境下的信息互动能否提高市场及投资者的信息能力，修正盈余公告后价格漂移现象，本书采用模型（5-3）进行实证检验：

$$CAR[2,20]_{i,t} = \alpha_0 + \alpha_1 UE_{i,t} + \alpha_2 Interact_{i,t} + \alpha_3 UE_{i,t} \times Interact_{i,t} + \alpha_4 Controls_{i,t} + \sum Ind + \sum Year + \varepsilon_{i,t} \tag{5-3}$$

式中，被解释变量 $CAR[2, 20]_{i,t}$表示公司 i 发布 t 期盈余公告后 2 个至 20 个交易日内的股票累计超额收益率，解释变量 $UE_{i,t}$表示公司 i 在第 t 期的未预期盈余，$Interact_{i,t}$表示公司 i 第 t 期在新媒体平台中与投资者信息互动的程度，$Controls_{i,t}$表示控制变量，参数 α_3 表示信息互动对盈余公告后价格漂移程度的修正作用。根据以往研究（Xu and Zhang，2013），预期 $UE_{i,t}$显著为正，即市场对公司正向的未预期盈余表现出积极的反应。$UE_{i,t}$与 $Interact_{i,t}$的交乘项的回归系数 α_3 是本书关注的核心参数，根据假设 5-1，如果新媒体信息互动能够提高投资者对未预期盈余快速反应的能力，减少盈余公告后价格漂移现象，那么预期 α_3 应当显著为负。

三、实证结果

（一）描述性统计

表 5-2 列示了主要变量的描述性统计。累计超额收益率变量 *CAR* 的均值为 0.003，标准差为 0.094，表明样本公司的盈余公告总体上引起了正向的市

场反应。未预期盈余变量 *UE* 的均值为-0. 360，标准差为 0. 521，最大值和最小值分别为 0. 737 和-2. 705，表明平均来看市场投资者普遍乐观地估计了上市公司的业绩，实际盈余不及预期，这与文献中分析师乐观偏差普遍存在的观点相吻合。信息互动变量 *Interact* 的均值为 4. 239，标准差为 2. 022，最大值和最小值分别为 7. 523 和 0. 000，即样本公司平均每年在证交所投资者互动平台中与投资者互动 68. 338 次，其中频次最高达 1849. 109 次，也有部分上市公司没有与投资者进行任何信息互动，表明我国上市公司开始重视通过新媒体渠道对外披露和沟通信息，但部分公司与投资者信息互动的次数较少，我国上市公司使用新媒体进行信息披露和投资者关系管理活动存在较大的提升空间。

控制变量 *Size* 的均值为 22. 297，标准差为 1. 295。*Lev* 的均值为 0. 432，标准差为 0. 205，最大值和最小值分别为 0. 888 和 0. 054，表明样本公司平均负债水平为 43. 2%，且样本间存在一定的差异。*Bm* 的均值为 0. 628，标准差为 0. 247。*Tun* 的均值为 2. 636，标准差为 2. 177，最大值和最小值分别为 11. 448 和 0. 222，表明样本公司的年均日股票换手率存在较大的差异。*Vol* 的均值为 0. 063，标准差为 0. 024，表明样本公司的股价波动性存在一定差异。以上变量的分布情况与前人研究基本一致。

表 5-2 描述性统计

变量	样本量	均值	中位值	标准差	最大值	最小值
CAR	24557	0. 003	−0. 004	0. 094	0. 357	−0. 256
UE	24557	−0. 360	−0. 236	0. 521	0. 737	−2. 705
Interact	24557	4. 239	4. 745	2. 022	7. 523	0. 000
Size	24557	22. 297	22. 112	1. 295	26. 272	20. 014
Lev	24557	0. 432	0. 427	0. 205	0. 888	0. 054
Bm	24557	0. 628	0. 629	0. 247	1. 164	0. 125
Tun	24557	2. 636	1. 969	2. 177	11. 448	0. 222
Vol	24557	0. 063	0. 058	0. 024	0. 151	0. 026

（二）相关性分析

表 5-3 列示了主要变量的 Pearson 相关系数。*CAR* 与 *UE* 的相关系数为

0.045，且在1%的统计水平上显著为正，初步表明公司正向的未预期盈余引发了市场的正向反应，与正向的超额收益相关，符合实际情况。*CAR* 与 *Interact* 之间的相关系数在统计水平上不显著。此外，*CAR* 与 *Lev*、*Tun*、*Vol* 之间的相关系数显著为负，与 *Bm* 的相关系数在10%的水平上显著为正，与资产规模变量 *Size* 没有表现出显著的相关性，初步说明不考虑其他因素的影响时，盈余公告引发的市场反应与公司规模没有太大关系，但与其他控制变量可能存在一定的相关性。控制变量之间的相关系数没有超过0.7，进一步VIF检验表明模型不存在严重的多重共线性。由于相关系数矩阵只考察了变量两两之间的相关性，本书后续将在考虑其他因素的影响下，对变量之间的关系进行回归分析。

表5-3 相关性分析

变量	*CAR*	*UE*	*Interact*	*Size*	*Lev*	*Bm*	*Tun*	*Vol*
CAR	1							
UE	0.045***	1						
Interact	-0.001	-0.111***	1					
Size	0.005	0.108***	-0.057***	1				
Lev	-0.020***	-0.018***	-0.209***	0.536***	1			
Bm	0.012*	-0.003	-0.135***	0.553***	0.401***	1		
Tun	-0.020***	-0.047***	0.197***	-0.411***	-0.198***	-0.273***	1	
Vol	-0.042***	-0.045***	0.198***	-0.242***	-0.060***	-0.375***	0.634***	1

注：模型中所有连续变量在1%和99%分位上进行了缩尾处理；***、*分别表示在1%和10%的统计水平上显著。

（三）多元回归结果

表5-4检验了新媒体环境下信息互动对盈余公告后价格漂移的影响。第（1）列显示，*UE* 的回归系数为0.0052，且在1%的统计水平上显著（$t=6.007$），表明公司盈余公告发布后，正向的未预期盈余带来了同样方向的市场反应，产生股票超额回报。第（2）列中加入了未预期盈余、信息互动变量以及两者的交乘项，并控制行业和年度固定效应。回归结果显示，*UE* 的回归

系数在1%的统计水平上显著为正（$\alpha_1=0.0131$，$t=4.913$），*Interact* 的回归系数在1%的统计水平上显著为负（$\alpha_2=-0.0011$，$t=-2.624$），*UE×Interact* 的回归系数为-0.0016，并在1%的统计水平上显著（$t=-3.102$）。第（3）列中加入了未预期盈余、信息互动变量、交乘项以及所有控制变量，并加入行业和年度固定效应。回归结果显示，*UE* 的回归系数依然在1%的水平上显著为正，*Interact* 的回归系数在1%的水平上显著为负，*UE×Interact* 的回归系数为-0.0015，也在1%的水平上显著（$t=-2.823$）。以上结果表明，投资者与上市公司通过新媒体渠道进行信息互动能够提高投资者的信息处理能力，纠正认知偏差，促使投资者更加迅速、准确地对未预期盈余进行反应，缓解盈余公告后股价漂移异象，从而验证了假设5-1。

表5-4 新媒体环境下信息互动对盈余公告后价格漂移的回归结果

变量	*CAR* [2, 20]		
	(1)	(2)	(3)
UE	0.0052*** (6.007)	0.0131*** (4.913)	0.0122*** (4.561)
Interact		-0.0011*** (-2.624)	-0.0012*** (-2.786)
UE×Interact		-0.0016*** (-3.102)	-0.0015*** (-2.823)
Size	-0.0015** (-2.102)		-0.0015** (-2.100)
Lev	-0.0169*** (-4.485)		-0.0176*** (-4.610)
Bm	0.0130*** (3.732)		0.0131*** (3.782)
Tun	-0.0000 (-0.082)		0.0000 (0.034)
Vol	-0.2164*** (-5.062)		-0.2109*** (-4.930)
Ind	控制	控制	控制
Year	控制	控制	控制

续表

变量	CAR [2, 20]		
	(1)	(2)	(3)
_CONS	0.0478*** (2.988)	0.0013 (0.239)	0.0497*** (3.105)
N	24557	24557	24557
Adj_R^2	0.0247	0.0217	0.0250

注：模型中所有连续变量在1%和99%分位上进行了缩尾处理；***、**分别表示在1%、5%的统计水平上显著，括号内为t值。

四、异质性研究

上文验证了新媒体环境下信息互动对盈余公告后价格漂移现象的抑制作用。为更加细致地对这一信息效应进行深入的分析，本书进一步关注信息互动的效率，分析上述信息效应在较高和较低的互动效率上是否表现出异质性。同时，作为新兴的信息机制，新媒体环境下的信息互动与传统信息机制在发挥信息效应的过程中表现出怎样的关系？本书将从分析师关注、媒体报道、机构投资者持股三种传统信息机制形式出发，检验不同信息环境下新媒体信息互动对盈余公告后价格漂移的差异化影响。

（一）信息互动效率的异质性分析

在信息互动的过程中，上市公司管理层对投资者提问的答复率、时效性和充分性决定了信息传递效率，影响投资者的认知和决策（张继勋和韩冬梅，2015；Cade，2018）。因此，信息互动效率存在差异可能使盈余公告后价格漂移的修正效果有所不同。本书进一步探究信息互动效率不同时，信息互动水平与盈余公告后价格漂移之间的关系。根据第四章中信息互动效率的度量，本书首先按照上市公司对投资者提问予以答复的比例（*Ratio*）将全样本分为全部答复（*Ratio*=100%）和未全部答复（*Ratio*<100%）两组子样本进行分组回归，结果见表5-5。*UE*×*Interact* 的回归系数在互动答复率为100%的样本中显著为负，在互动答复率不足100%的样本中不显著，且组间差异检验表明两组样本中 *UE*×*Interact* 的回归系数在统计上差异显著（p=0.0452）。上述结果表明，新媒体环境下，信息互动的答复率影响了信息效应的程度，上市公司

互动答复率越高，修正盈余公告后价格漂移的作用越显著。

表 5-5 信息互动答复率的分组回归结果

变量	CAR [2, 20]	
	(1)	(2)
	Ratio = 100%	Ratio<100%
UE	0.0198*** (3.082)	0.0087** (2.264)
Interact	-0.0016* (-1.895)	-0.0009 (-0.988)
UE×Interact	-0.0032*** (-2.629)	-0.0000 (-0.006) [p=0.0452]
Size	-0.0004 (-0.359)	-0.0030** (-2.328)
Lev	-0.0163*** (-2.946)	-0.0236*** (-3.543)
Bm	0.0088* (1.736)	0.0150** (2.524)
Tun	-0.0003 (-0.594)	-0.0001 (-0.119)
Vol	-0.1019* (-1.663)	-0.2656*** (-3.746)
Ind	控制	控制
Year	控制	控制
_CONS	0.0363 (1.506)	0.0840*** (2.898)
N	11890	9067
Adj_R^2	0.0172	0.0331

注：模型中所有连续变量在 1%和 99%分位上进行了缩尾处理；***、**、* 分别表示在 1%、5%和 10%的统计水平上显著，括号内为 t 值；方括号内为组间系数差异检验 p 统计量。

表 5-6 列报了信息互动时效性的分组回归结果。本书按照公司答复时长的年度-行业中位值将全样本分为信息互动时效性强（*Short-time*）和信息互动时效性弱（*Long-time*）两组，分别进行回归。第（1）列中，*UE×Interact* 的回归系数为负但不显著，表明在互动时效性较弱的样本中，新媒体信息互

动没有发挥显著的信息效应。第（2）列中，*UE*×*Interact* 的回归系数在 1%的统计水平上显著为负，且组间系数差异检验显示两组系数在统计上存在显著的差异（p=0.0012）。以上结果表明，信息效应的有效发挥有赖于互动的时效性。公司管理层在新媒体平台中越及时地答复投资者的提问，信息互动抑制盈余公告后价格漂移的作用越显著。

表 5-6　信息互动时效性的分组回归结果

变量	*CAR*［2，20］	
	（1）	（2）
	Long-time	*Short-time*
UE	0.0096*** (2.919)	0.0224*** (4.130)
Interact	-0.0003 (-0.383)	-0.0022** (-2.381)
UE×*Interact*	-0.0001 (-0.293)	-0.0034*** (-3.479) [p=0.0012]
Size	-0.0019* (-1.728)	-0.0015 (-1.208)
Lev	-0.0213*** (-3.585)	-0.0182*** (-2.978)
Bm	0.0111** (2.098)	0.0124** (2.197)
Tun	-0.0008 (-1.240)	0.0001 (0.156)
Vol	-0.2536*** (-3.828)	-0.0952 (-1.467)
Ind	控制	控制
Year	控制	控制
_CONS	0.0781*** (3.134)	0.0510* (1.821)
N	10425	10532
Adj_R^2	0.0350	0.0163

注：模型中所有连续变量在 1%和 99%分位上进行了缩尾处理；***、**、*分别表示在 1%、5%和 10%的统计水平上显著，括号内为 t 值；方括号内为组间系数差异检验 p 统计量。

表 5-7 列报了信息互动充分性的分组回归结果。按照上市公司答复内容长度的中位值，本书将全样本分为信息互动充分性较高（*High-suf*）和信息互动充分性较低（*Low-suf*）两组子样本，进行分组回归。第（1）列中，*UE*×*Interact* 的回归系数在 5%的统计水平上显著为负，表明在互动充分性较高的样本中，新媒体信息互动发挥了显著的信息效应。第（2）列中，*UE*×*Interact* 的回归系数虽然为负但没有表现出显著性。以上结果表明，信息互动过程中上市公司是否充分地答复了投资者的提问对于信息效应的发挥至关重要。投资者得到的答复越详细、充分或具有越高的信息含量，信息互动抑制盈余公告后价格漂移的作用越显著。

表 5-7 信息互动充分性的分组回归结果

变量	*CAR* [2, 20]	
	(1)	(2)
	High-suf	*Low-suf*
UE	0.0213*** (3.075)	0.0118*** (4.447)
Interact	−0.0015 (−1.606)	−0.0008 (−1.015)
UE×*Interact*	−0.0032** (−2.433)	−0.0003 (−0.889) [p=0.0512]
Size	−0.0028** (−2.407)	−0.0005 (−0.460)
Lev	−0.0164*** (−2.696)	−0.0237*** (−3.986)
Bm	0.0158*** (2.835)	0.0089* (1.649)
Tun	−0.0011* (−1.863)	0.0006 (0.957)
Vol	−0.0983 (−1.504)	−0.2377*** (−3.614)
Ind	控制	控制
Year	控制	控制

续表

变量	CAR [2, 20]	
	(1)	(2)
	High-suf	*Low-suf*
_CONS	0.0796*** (3.059)	0.0442* (1.685)
N	10424	10533
Adj_R^2	0.0203	0.0290

注：模型中所有连续变量在1%和99%分位上进行了缩尾处理；***、**、*分别表示在1%、5%和10%的统计水平上显著，括号内为t值；方括号内为组间系数差异检验p统计量。

综上，互动效率是信息互动机制发挥信息效应的重要前提。当信息互动效率较高时，市场及投资者通过新媒体渠道获取公司信息的有效性、及时性、充分性更高，提高信息处理能力、纠正认知偏差的作用随之增强，从而帮助投资者对未预期的盈余信息进行快速、准确的反应，减少盈余公告后价格漂移现象，提高市场信息效率。

（二）信息环境的异质性分析

证券分析师、新闻媒体等信息中介，以及专业的机构投资者被视为资本市场重要的信息机制，他们具有优于一般投资者的专业能力、经验以及较强的信息处理能力，改善了公司的信息环境（周开国等，2014）。较好的信息环境有助于缓解公司内外部信息不对称，提高对未预期盈余的反应能力（Gleason and Lee，2003）。针对本书中的盈余公告后价格漂移现象，以上传统信息机制与网络新媒体嵌入下的信息互动机制之间是相互促进还是互为替代？为了回答上述问题，本书将从分析师关注、媒体报道、机构投资者持股三个方面进一步检验当公司信息环境不同时，新媒体信息互动对盈余公告后价格漂移的异质性影响。

根据已有文献（罗进辉和杜兴强，2014；Huang et al.，2018），被更多的分析师和媒体关注及报道或机构持股比例较高时，公司的信息环境通常较好。根据分析师跟踪数量、媒体报道数量和机构持股比例的中位值，本书分别将全样本分为信息环境较好（*High-analyst*、*High-media*、*High-inhld*）和信息环境较差（*Low-analyst*、*Low-media*、*Low-inhld*）子样本，进行分组回归，结果见表5-8。第（1）列和第（2）列显示，分析师关注度较高的样本中，*UE×Interact* 的回归系数在1%的水平上显著，而当分析师关注度较低时，*UE×Interact* 的回归系数不显著，且组间差异检验显示两组系数的差异显著，表明跟踪上市公司的分析师数量越多，信息互动抑制盈余公告后价格漂移的作用越显著。同样地，第（3）~（6）列显示，对于媒体报道数量较多和机构持股比例较高的样本，*UE×Interact* 的回归系数均在1%的水平上显著为负，而在对立样本中没有表现出显著性，表明媒体关注度越高、机构持股比例越高，信息互动对盈余公告后价格漂移的修正作用越强。

表5-8 信息环境的分组回归结果

变量	CAR [2, 20]					
	(1)	(2)	(3)	(4)	(5)	(6)
	High-analyst	*Low-analyst*	*High-media*	*Low-media*	*High-inhld*	*Low-inhld*
UE	0.0181*** (4.882)	0.0035 (0.892)	0.0254*** (5.078)	0.0097*** (2.877)	0.0160*** (4.994)	0.0057 (1.213)
Interact	−0.0019*** (−2.905)	−0.0010* (−1.876)	−0.0013* (−1.737)	−0.0011** (−2.021)	−0.0018*** (−3.335)	−0.0004 (−0.564)
UE×Interact	−0.0028*** (−3.866)	0.0003 (0.435) [p=0.0039]	−0.0040*** (−4.260)	−0.0007 (−1.125) [p=0.0649]	−0.0024*** (−3.739)	−0.0001 (−0.067) [p=0.0490]
Size	−0.0069*** (−4.667)	−0.0016* (−1.652)	0.0002 (0.176)	−0.0035*** (−3.343)	−0.0009 (−1.009)	−0.0038*** (−2.835)
Lev	−0.0119** (−2.167)	−0.0157*** (−2.835)	−0.0340*** (−5.570)	−0.0072 (−1.360)	−0.0160*** (−2.999)	−0.0168*** (−3.007)
Bm	0.0406*** (6.435)	0.0069 (1.544)	0.0194*** (3.684)	0.0136*** (2.611)	0.0049 (1.101)	0.0262*** (4.694)
Tun	0.0003 (0.614)	−0.0008 (−1.416)	−0.0013** (−2.105)	0.0008 (1.295)	−0.0001 (−0.192)	−0.0002 (−0.398)
Vol	−0.2572*** (−4.135)	−0.0961 (−1.612)	0.0715 (1.052)	−0.4397*** (−7.321)	−0.3288*** (−5.742)	−0.0745 (−1.163)
Ind	控制	控制	控制	控制	控制	控制
Year	控制	控制	控制	控制	控制	控制
_CONS	0.1461*** (4.820)	0.0529** (2.426)	0.0222 (0.778)	0.0963*** (4.200)	0.0384* (1.878)	0.0916*** (3.190)

续表

变量	CAR [2, 20]					
	(1)	(2)	(3)	(4)	(5)	(6)
	High-analyst	*Low-analyst*	*High-media*	*Low-media*	*High-inhld*	*Low-inhld*
N	11513	13044	12152	12405	12275	12282
Adj_R^2	0.0401	0.0210	0.0211	0.0304	0.0241	0.0303

注：模型中所有连续变量在1%和99%分位上进行了缩尾处理；***、**、*分别表示在1%、5%和10%的统计水平上显著，括号内为 *t* 值；方括号内为组间系数差异检验 *p* 统计量。

综合上述结果，当公司信息环境较好时，投资者与上市公司通过新媒体进行信息互动能够发挥更强的信息效应，最大限度地帮助市场及投资者提高信息能力，以及对盈余信息充分、快速反应的能力。同时，研究结果也表明，以证券分析师、新闻媒体、机构投资者为主要代表的传统信息机制与新媒体下的互动式信息机制在抑制盈余公告后价格漂移方面表现出互补关系。因此，减少市场异象，提升信息效率需要各项信息机制的协同作用。

五、稳健性检验

（一）改变解释变量衡量方法

参考丁慧等（2018a）的研究，本书分别以投资者提问数量和公司答复数量，构造以下变量重新回归：①投资者提问（*Interact_Q*），“互动易”和“e互动”平台中上市公司收到的投资者提问数量加1取自然对数；②上市公司答复（*Interact_A*），“互动易”和“e互动”平台中上市公司有效答复数量加1取自然对数。表5-9显示，未预期盈余与信息互动的交乘项的回归系数依然在1%的水平上显著为负，表明本书研究结论是稳健的。

表5-9　改变解释变量衡量方法的回归结果

变量	CAR [2, 20]	
	(1)	(2)
UE	0.0121*** (4.651)	0.0115*** (4.896)
Interact_Q	-0.0013*** (-2.857)	

续表

变量	CAR [2, 20]	
	(1)	(2)
UE×Interact_Q	-0.0016*** (-2.872)	
Interact_A		-0.0012*** (-2.793)
UE×Interact_A		-0.0016*** (-2.952)
Size	-0.0015** (-2.062)	-0.0015** (-2.146)
Lev	-0.0176*** (-4.623)	-0.0174*** (-4.577)
Bm	0.0131*** (3.764)	0.0132*** (3.792)
Tun	0.0000 (0.051)	0.0000 (0.010)
Vol	-0.2105*** (-4.921)	-0.2106*** (-4.923)
Ind	控制	控制
Year	控制	控制
_CONS	0.0490*** (3.061)	0.0500*** (3.122)
N	24557	24557
Adj_R^2	0.0251	0.0251

注：模型中所有连续变量在1%和99%分位上进行了缩尾处理；***、**分别表示在1%、5%的统计水平上显著，括号内为 t 值。

（二）变更事件窗口期

上文以盈余公告后2个至20个交易日作为事件窗口期计算累计超额收益率。为确保研究结果不受事件窗口期的影响，借鉴于李胜和王艳艳（2006）、于忠泊等（2012）的研究，本书在稳健性检验中将事件窗口期定义为盈余公告后2个至30个交易日［2，30］，以及盈余公告后6个至100个交易日［6，100］，分别计算累计超额收益率［2，30］和［6，100］。表5-10显示，改变事件窗口期重新计算累计超额收益率后，*UE×Interact* 的回归系数分别在

10%和5%的统计水平上显著，研究结论没有改变。

表 5-10 变更事件窗口期的回归结果

变量	(1)	(2)
	CAR [2, 30]	*CAR* [6, 100]
UE	0.0109*** (4.727)	0.0115*** (4.704)
Interact	-0.0005 (-1.360)	-0.0008** (-2.046)
UE×Interact	-0.0009* (-1.948)	-0.0011** (-2.326)
Size	-0.0001 (-0.158)	-0.0006 (-0.875)
Lev	-0.0172*** (-5.242)	-0.0182*** (-5.215)
Bm	0.0039 (1.300)	0.0068** (2.130)
Tun	0.0000 (0.027)	-0.0000 (-0.049)
Vol	-0.1506*** (-4.105)	-0.1681*** (-4.294)
Ind	控制	控制
Year	控制	控制
_CONS	0.0179 (1.300)	0.0307** (2.091)
N	24560	24560
Adj_R^2	0.0259	0.0262

注：模型中所有连续变量在1%和99%分位上进行了缩尾处理；***、**、*分别表示在1%、5%和10%的统计水平上显著，括号内为 *t* 值。

（三）更换未预期盈余模型

除分析师预测模型外，以往文献较多地采用随机游走模型（Skinner，1994；杨德明等，2007）计算未预期盈余。为保证结果稳健，本书基于不存在漂移的随机游走模型，以当期实际每股收益与上期每股收益的差值度量未预期盈余，回归结果见表 5-11。交乘项 *UE×Interact* 的回归系数在 5%的统计水平上显著为负，表明研究结论稳健。

表 5-11 更换未预期盈余模型的回归结果

变量	*CAR* [2, 20]
UE	0.0092*** (3.555)
Interact	-0.0004 (-1.065)
UE×Interact	-0.0012** (-2.402)
Size	-0.0014** (-2.063)
Lev	-0.0189*** (-5.582)
Bm	0.0114*** (3.399)
Tun	-0.0001 (-0.369)
Vol	-0.2975*** (-7.239)
Ind	控制
Year	控制
_CONS	0.0532*** (3.612)
N	27870
Adj_R^2	0.0292

注：模型中所有连续变量在1%和99%分位上进行了缩尾处理；***、**分别表示在1%、5%的统计水平上显著，括号内为 *t* 值。

（四）改变研究样本

由于“互动易”和“e 互动”平台分别于 2010 年和 2013 年上线运行，为提高样本量，前文将沪市和深市样本数据起始年份分别设为 2010 年和 2013 年。为使研究结论不受样本期间的影响，在稳健性检验中，本书使用 2013—2020 年样本数据，即剔除“互动易”平台自 2010 年 1 月 1 日至 2012 年 12 月 31 日的样本重新回归。表 5-12 报告了回归结果，样本量减少到 19189，*UE×Interact* 的回归系数依然在 1%的统计水平上显著为负，表明在排除研究期间和样本量的影响后，本书的结果依然符合假设预期。

表 5-12　改变研究样本的回归结果

变量	*CAR* [2, 20]
UE	0.0173*** (4.625)
Interact	-0.0007 (-1.306)
UE×Interact	-0.0024*** (-3.482)
Size	-0.0016* (-1.864)
Lev	-0.0222*** (-4.810)
Bm	0.0127*** (3.089)
Tun	-0.0000 (-0.029)
Vol	-0.2106*** (-4.405)
Ind	控制
Year	控制
_*CONS*	0.0576*** (3.032)
N	19189
Adj_R^2	0.0278

注：模型中所有连续变量在1%和99%分位上进行了缩尾处理；***、*分别表示在1%和10%的统计水平上显著，括号内为t值。

第二节　信息互动与股价信息含量

一、理论分析与研究假设

资本市场的核心功能是利用股价信号机制达到资源有效配置，而股票价格能否引导资源有效配置取决于其承载和反映公司真实信息的能力。当前，我国资本市场普遍存在股价同步性较高的问题，具体是指股价反映公司层面特质信息量不足，个股价格变动与市场或行业层面的因素高度相关，表现出

"同涨同跌"现象。股价信息含量较低导致要素资源错配等一系列问题，不利于资本市场运行效率的提升。研究一致认为，信息非均衡、非对称问题的存在削弱了股价对上市公司特质信息的充分反映，是股价信息含量不足的根本成因（Morck et al.，2000）。因此，上市公司能否积极地进行信息沟通，帮助信息使用者充分获取和有效利用特质信息是提高股价信息含量的关键前提（Chan and Chan，2014）。基于此，本书将从信息供给、信息解读、信息含量三个方面分析新媒体环境下信息互动对股价信息含量的影响。

首先，新媒体环境下的信息互动增加了公司信息供给。信息是资本市场上股价变动的决定性因素。传统的信息披露模式下，投资者获取信息的渠道和能力相对有限，主要通过招股说明书、定期报告、临时公告等披露形式获取市场信息，且需要付出成本在大量的信息资源中筛选所需的决策依据，这一过程提高了信息获取成本，加剧了信息不对称问题。通过新媒体渠道，投资者与上市公司之间的信息流动由单向式披露转变为双向式互动。新媒体平台中，通过投资者主动问询，公司管理层可以了解信息使用者的真实需求，关注市场参与者的诉求，从而有针对性地进行信息供给，增加投资者可获得的决策信息集。此外，新媒体信息互动基于庞大的用户基础，个人和机构投资者、上市公司、证券分析师等各类市场主体也可参与到信息交互的过程中。各类市场主体通过公开或私有渠道获得差异化的信息资源，在互动的过程中，将公司相关信息互为补充地释放至整个资本市场，降低了市场信息非均衡性。信息供给的增加使投资者可以利用更多公司特质信息进行决策，有助于提高股价信息含量。

其次，新媒体环境下的信息互动发挥了信息解读作用。传统的信息披露机制下，上市公司定期报告等披露形式是市场及投资者的主要决策依据。然而，上述决策来源涉及的文本信息庞杂，专业性较高，普通投资者需要投入较多的时间、精力解析专业信息，增加了投资者的信息解读成本，甚至提高了决策失误的可能性（王克敏等，2018）。关于公司经营计划、研发进展、并购重组等事项，投资者难以确定获取的信息是否准确，查阅其他资料也难以得到权威的、最新的答复。新媒体这一新的媒介形式不仅有利于公司层面的信息供给，还有利于投资者的信息解读。具体而言，通过新媒体渠道，投资者可以直接对上市公司提出问题，管理层使用通俗的语言对已披露事项予以明确解读，或对未充分披露事项进行专业的补充说明，有针对性地帮助市场及投资者准确、全面地解读信息。此外，投资者对复杂市场信息的辨识能力不足，投资决策极易受到不实传闻或恶意炒作的引导。投资者与上市公司通过信息互动能够及时确认市场传闻的真实性并掌握公司经营状况，避免解读偏误。基于此，新媒体信息互动能够帮助信息使用者有效解读信息，促使投资者预期接近公司的实际价值，提高股价信息含量。

最后，新媒体环境下的信息互动具有更高的信息含量。股价信息含量是指股票价格中包含的特质信息量。新媒体将市场参与者置于交互式的信息网络中，通过主动提出疑问和建议，信息使用者能够高度参与到信息内容的产生、传播和处理过程（Cade，2018）中。他们不再被动地接收模板化、时效滞后的信息，而是通过主动与上市公司直接互动获取价值和经营风险相关的财务和非财务信息。通过与众多投资者互动，公司管理层能够深入了解投资者关注较多但未进行充分披露的信息内容，从而为信息使用者提供有针对性的信息供给，甚至与投资者沟通未达法定披露标准的事项，提高信息供给的决策价值。孟庆斌等（2020）研究发现，投资者与上市公司基于互联网媒介的沟通有效传递了公司信息，能够预测股票未来表现。因此，新媒体环境下，双向交互的沟通形式提高了市场信息的决策含量，有利于打破上市公司与投资者之间的信息壁垒，提高股价信息含量。据此，本书提出如下假设：

假设 5-2：新媒体环境下信息互动水平越高，公司的股价信息含量越高。

二、研究设计

（一）样本选择与数据来源

本书以中国沪深 A 股上市公司为研究样本。数据来源方面，信息互动数据来自“互动易”和“e 互动”平台的“问答”板块，涵盖自平台运行之初（“互动易”：2010 年；“e 互动”：2013 年）至 2020 年 12 月 31 日上市公司与投资者的所有问答记录。具体地，本书使用 Python2. 7 软件抓取和存储了研究期间投资者与上市公司的所有互动问答及其具体时间。其他数据来自 CSMAR 数据库。在初始数据的基础上，本书剔除金融类公司样本、ST 和 * ST 公司以及所需数据缺失或异常的样本，最终得到 28768 个公司-年度观测值。为降低极端异常值对研究结果的影响，对除虚拟变量外的所有变量在 1% 和 99% 分位上进行缩尾处理。本书使用的数据处理软件为 Stata 15.0。

（二）变量定义

1. 股价信息含量（*Pinfo*）

股价信息含量衡量了股价反映公司层面特质信息的程度。借鉴 Morck 等（2000）、Gul 等（2010），本书基于模型（5-4）计算股价信息含量指标：

$$R_{i,t}=\alpha_0+\alpha_1 R_{m,t}+\alpha_2 R_{m,t-1}+\alpha_3 R_{n,t}+\alpha_4 R_{n,t-1}+\varepsilon_{i,t} \tag{5-4}$$

式中，$R_{i,t}$为股票 i 在第 t 周考虑现金红利再投资的周个股回报率；$R_{m,t}$为第 t 周经流通市值加权后的周市场回报率；$R_{n,t}$为股票 i 对应行业在第 t 周经流通市值加权后的回报率（计算时剔除股票 i 自身）。逐年进行回归后得到模型的拟合优度（R^2），表示个股价格波动被市场和行业解释的部分，$1-R^2$ 代表个股价格中包含的公司层面特质部分，即本书所关注的股价信息含量。为满足正态分布要求，本书对 $1-R^2$ 进行对数转换得到股价信息含量指标 *Pinfo*，使其满足正态分布条件：

$$Pinfo_{i,t}=\ln\left(\frac{1-R_{i,t^2}}{R_{i,t^2}}\right) \tag{5-5}$$

式中，$Pinfo_{i,t}$为股票 i 在第 t 年的股价信息含量，$Pinfo_{i,t}$值越大，表示个股价格变动越少地为市场和行业变动因素所解释，股价涵盖公司特质信息量越大，即股价信息含量越高。

2. 信息互动水平（*Interact*）

根据本章第一节的分析，上市公司与投资者互动的过程中提供和解释了较多公司层面的特质信息，对投资者的信息获取和处理能力产生积极影响。本书以“互动易”和“e 互动”平台中投资者提问数量和上市公司答复数量之和加 1 取自然对数来衡量新媒体环境下投资者与上市公司的信息互动水平（*Interact*）。此外，本书发现，新媒体平台中存在少量公司答复没有释放任何增量信息，对于投资者而言不具有决策有用性，如上市公司仅回复“谢谢关注”“感谢您的关注”“请查看公司年报”等非实质性内容。为了消除此类低质量答复的干扰，本书将这类答复视为无效答复，不纳入上市公司答复总数的计算过程。

3. 控制变量

根据已有相关文献（钟覃琳和陆正飞，2018；Cheng et al.，2019），本书控制了其他可能影响股价信息含量的基本特征和公司治理因素，以及行业（*Ind*）和年度（*Year*）虚拟变量。具体的变量定义如表5-13所示。

表5-13 变量定义

变量类型	变量名称	变量符号	变量定义
被解释变量	股价信息含量	*Pinfo*	个股价格包含公司层面特质信息量的程度，具体计算方法已在前文详细说明
解释变量	信息互动水平	*Interact*	深圳证券交易所“互动易”和上海证券交易所“e互动”平台中投资者提问数量和上市公司有效答复数量之和加1取自然对数
控制变量	资产规模	*Size*	总资产取自然对数
	资产负债率	*Lev*	负债总额/总资产×100%
	上市年限	*Age*	企业自上市至今的年限
	账面市值比	*Bm*	资产的账面价值/市值×100%
	股票换手率	*Tun*	当年度以流通股数计算的日均股票换手率
	营业收入增长率	*Growth*	股票经市场调整后日收益率的标准差
	股权集中度	*Fsh*	第一大股东的持股数量/总股数×100%
	四大审计	*Big4*	虚拟变量，若审计机构为四大会计师事务所取值为1，否则取值为0
	行业	*Ind*	按照证监会《上市公司行业分类指引》（2012）设置行业虚拟变量
	年份	*Year*	年份虚拟变量

（三）模型构建

为探究新媒体环境下信息互动对股价信息含量的影响，本书拟采用模型（5-6）进行实证检验：

$$Pinfo_{i,t} = \alpha_0 + \alpha_1 Interact_{i,t} + \alpha_2 Controls_{i,t} + \sum Ind + \sum Year + \varepsilon_{i,t} \tag{5-6}$$

式中，$Pinfo_{i,t}$表示公司i在t期的股价信息含量，$Interact_{i,t}$表示公司i第t期在新媒体平台中与投资者信息互动的水平，$Controls_{i,t}$表示控制变量，α_1表示信息互动对股价信息含量的影响效果。如果信息互动能够提高公司股价的信息含量，则预期α_1显著为正。

三、实证结果

（一）描述性统计

表 5-14 列示了主要变量的描述性统计。股价信息含量 *Pinfo* 的均值为 0. 325，标准差为 0. 829，最大值和最小值分别为 2. 624 和-1. 435，说明样本公司的股价反映公司层面特质信息的程度有待进一步提升，且样本间存在一定的差异。信息互动变量 *Interact* 的均值为 4. 204，标准差为 1. 997，最大值和最小值分别为 7. 495 和 0. 000，表明样本公司平均每年在投资者互动平台中与投资者信息沟通 65. 954 次，其中频次最高达 1798. 025 次，也有部分公司没有通过新媒体渠道与投资者进行任何互动。这一结果说明，我国上市公司逐渐重视利用新兴媒介形式与投资者进行信息互动，但互动程度存在较大差异。

表 5-14 描述性统计

变量	样本量	均值	中位值	标准差	最大值	最小值
Pinfo	28768	0. 325	0. 278	0. 829	2. 624	-1. 435
Interact	28768	4. 204	4. 691	1. 997	7. 495	0. 000
Size	28768	22. 170	22. 001	1. 301	26. 157	19. 634
Lev	28768	0. 436	0. 429	0. 210	0. 918	0. 054
Age	28768	11. 427	10. 000	7. 206	27. 000	1. 000
Bm	28768	0. 617	0. 617	0. 251	1. 164	0. 105
Tun	28768	2. 674	1. 996	2. 215	11. 712	0. 234
Growth	28768	0. 181	0. 104	0. 482	3. 273	-0. 620
Fsh	28768	0. 343	0. 321	0. 149	0. 746	0. 086
Big4	28768	0. 057	0. 000	0. 231	1. 000	0. 000

控制变量 *Size* 的均值为 22. 170，标准差为 1. 301。*Lev* 的均值为 0. 436，标准差为 0. 210，表明样本公司资本负债率平均为 43. 6%。*Age* 的均值为 11. 427，标准差为 7. 206，表明样本公司上市年限存在较大的差异。*Bm* 的均值为 0. 617，标准差为 0. 251。*Tun* 的均值为 2. 674，标准差为 2. 215，表明样本公司间股票换手率存在一定差异。*Growth* 的均值为 0. 181，标准差为 0. 482，最大值和最小值分别为 3. 273 和-0. 620。平均而言，样本公司营业收入总体

呈现增长趋势，但不同公司的营业收入增长率存在较大差距。*Fsh* 的均值为 0.343，标准差为 0.149，最大值和最小值分别为 0.746 和 0.086，表明样本公司第一大股东持股比例超过 30%，与新兴市场股权集中程度较高的实际情况相一致。*Big*4 的均值为 0.057，表明不足 6%的样本公司的审计机构是四大会计师事务所。以上变量的分布情况与前人研究基本一致。

（二）相关性分析

表 5-15 列示了主要变量的 Pearson 相关系数。*Pinfo* 与 *Interact* 的相关系数为 0.067，且在 1%的统计水平上显著为正，表明不考虑其他因素的影响时，新媒体环境下信息互动和股价信息含量呈正相关，初步验证了本书的假设预期。*Pinfo* 与 *Size*、*Lev*、*Age*、*Bm*、*Fsh*、*Big*4 等控制变量之间的相关系数显著为负，初步表明，当不考虑其他因素影响时，股价信息含量与公司的资产规模、资产负债率、上市年限、账面市值比、股权集中度、四大审计之间呈负相关。*Pinfo* 与 *Tun*、*Growth* 等变量之间的相关系数显著为正，表明股票换手率、营业收入增长率与股价信息含量之间呈正相关。此外，控制变量之间的相关系数均不超过 0.6，进一步的 VIF 检验显示模型不存在严重的多重共线性问题。由于相关系数矩阵只考察了变量两两之间的相关性，本书后续将在考虑其他因素的影响下，对变量之间的关系进行回归分析。

表 5-15 相关性分析

变量	*Pinfo*	*Interact*	*Size*	*Lev*	*Age*	*Bm*
Pinfo	1					
Interact	0.067***	1				
Size	−0.170***	−0.025***	1			
Lev	−0.018***	−0.196***	0.473***	1		
Age	−0.053***	−0.137***	0.337***	0.339***	1	
Bm	−0.168***	−0.105***	0.582***	0.348***	0.159***	1
Tun	0.140***	0.200***	−0.372***	−0.181***	−0.354***	−0.255***
Growth	0.061***	−0.002	0.026***	0.031***	−0.046***	−0.040***
Fsh	−0.039***	−0.151***	0.220***	0.051***	−0.058***	0.161***
Big4	−0.046***	−0.077***	0.344***	0.099***	0.071***	0.148***

续表

变量	*Pinfo*	*Interact*	*Size*	*Lev*	*Age*	*Bm*
变量	*Tun*	*Growth*	*Fsh*	*Big4*		
Tun	1					
Growth	0.036***	1				
Fsh	−0.104***	0.009	1			
Big4	−0.129***	−0.016***	0.143***	1		

注：模型中所有连续变量在1%和99%分位上进行了缩尾处理；***表示在1%的统计水平上显著。

（三）多元回归结果

表5-16列报了新媒体环境下信息互动对股价信息含量的回归结果。第（1）列只加入了解释变量*Interact*、行业和年度固定效应，*Interact*的回归系数为0.0177，在1%的统计水平上显著（$t=6.613$），表明新媒体环境下投资者与上市公司之间进行信息互动能够降低公司股价波动与市场和行业的同步性，提高股价信息含量，初步验证了本书的假设预期。第（2）列中加入了解释变量*Interact*、控制变量，并控制行业和年度固定效应。回归结果显示，*Interact*的回归系数依然在1%的统计水平上显著为正（$\alpha_1=0.0128$，$t=4.642$），表明在考虑其他因素的影响后，信息互动显著地发挥信息效应，提高了股价信息含量。以上结果表明，新媒体环境下的信息互动能够促使股价包含更多公司层面的特质信息，减少股价同步现象，提高股票信息效率，从而验证了研究假设5-2。

表5-16 新媒体环境下信息互动对股价信息含量的回归结果

变量	*Pinfo*	
	(1)	(2)
Interact	0.0177*** (6.613)	0.0128*** (4.642)
Size		−0.0899*** (−16.223)
Lev		0.4079*** (14.747)

续表

变量	*Pinfo*	
	(1)	(2)
Age		0.0008 (1.049)
Bm		-0.3729*** (-15.521)
Tun		0.0339*** (13.899)
Growth		0.1124*** (11.444)
Fsh		0.0547 (1.623)
Big4		0.0786*** (3.582)
Ind	控制	控制
Year	控制	控制
_CONS	0.3018*** (7.327)	2.1595*** (18.629)
N	28768	28768
Adj_R^2	0.0269	0.0812

注：模型中所有连续变量在1%和99%分位上进行了缩尾处理；***表示在1%的统计水平上显著，括号内为 *t* 值。

从控制变量的结果来看，*Size* 的回归系数显著为负，表明个股的资产规模越大，股价随市场和行业同步现象越严重。*Bm* 的回归系数显著为负，表明账面市值比与股价信息含量呈负相关。*Lev*、*Tun*、*Growth* 和 *Big4* 的回归系数显著为正，表明公司资产负债率、股票换手率、营业收入增长率和四大审计能够抑制股价同步性，提高股价信息含量。可能的原因是，具有以上特征的上市公司受到外部利益相关者的关注度高，抑或信息披露水平和质量较高，市场参与者之间的信息不对称得到缓解，从而股价反映公司层面特质信息的程度较高。

四、异质性研究

上文验证了新媒体环境下的信息互动在提高股价信息含量上的积极作用。本书进一步关注信息互动效率，分析上述信息效应在不同互动效率的情况下是否表现出异质性。进一步地，从分析师关注、媒体报道、机构投资者持股三个方面检验不同信息环境下，新媒体信息互动机制如何影响股价信息含量。

（一）信息互动效率的异质性分析

同上文，本书根据公司管理层对新媒体平台中投资者的提问予以答复的比例（*Ratio*）将全样本分为全部答复（*Ratio*=100%）和未全部答复（*Ratio*<100%）两组子样本，进行分组回归。表 5-17 中，*Interact* 的回归系数在互动答复率为 100%的样本中显著为正，而在答复率不足 100%的样本中不显著，且组间系数差异检验表明 *Interact* 的回归系数在两组子样本间的差异显著（p=0. 0416），说明新媒体渠道下的信息沟通对股价信息含量能否发挥显著的信息效应与互动效率有关。上市公司管理层答复投资者提问的比例越高，新媒体环境下市场参与者的信息互动行为提高股价信息含量的作用效果就越显著。

表 5-17 信息互动答复率的分组回归结果

变量	*Pinfo*	
	(1)	(2)
	Ratio=100%	*Ratio*<100%
Interact	0. 0222*** (3. 675)	0. 0034 (0. 481) [p=0. 0416]
Size	−0. 0782*** (−8. 236)	−0. 0986*** (−10. 524)
Lev	0. 4949*** (10. 622)	0. 3743*** (8. 112)
Age	0. 0012 (0. 901)	−0. 0009 (−0. 651)

续表

变量	*Pinfo*	
	(1)	(2)
	Ratio = 100%	*Ratio*<100%
Bm	-0.4991*** (-12.736)	-0.2592*** (-6.539)
Tun	0.0478*** (12.427)	0.0292*** (7.349)
Growth	0.1258*** (7.153)	0.1214*** (7.773)
Fsh	0.0855 (1.548)	-0.0157 (-0.268)
Big4	0.0739* (1.914)	0.1169*** (3.039)
Ind	控制	控制
Year	控制	控制
_CONS	2.0937*** (10.695)	2.3645*** (12.044)
N	13899	10647
Adj_R^2	0.0755	0.0676

注：模型中所有连续变量在1%和99%分位上进行了缩尾处理；***、*分别表示在1%和10%的统计水平上显著，括号内为 t 值；方括号内为组间系数差异检验 p 统计量。

表5-18列报了信息互动时效性的分组回归结果。本书按照上市公司答复时长的年度-行业中位值将全样本分为信息互动时效性较强（*Short-time*）和信息互动时效性较差（*Long-time*）两组子样本，进行分组回归。由结果可知，*Interact* 的回归系数在互动时效性较差的样本中不显著，而在互动时效性较强的样本中显著为正，并且两组系数在统计上存在显著的差异（p=0.0185）。这一结果表明，基于新媒体的信息互动提高股价信息含量的作用受信息互动时效性的影响。上市公司管理层越及时地答复投资者的提问，信息互动发挥信息效应的程度越高，提高股价信息含量的作用越显著。

表 5-18 信息互动时效性的分组回归结果

变量	*Pinfo*	
	(1)	(2)
	Long-time	*Short-time*
Interact	0. 0034 (0. 472)	0. 0265 *** (3. 888) [p=0. 0185]
Size	-0. 0759 *** (-7. 936)	-0. 1103 *** (-10. 210)
Lev	0. 5336 *** (11. 040)	0. 4661 *** (9. 341)
Age	0. 0013 (0. 959)	0. 0007 (0. 519)
Bm	-0. 5218 *** (-12. 786)	-0. 3975 *** (-9. 315)
Tun	0. 0535 *** (12. 362)	0. 0424 *** (10. 672)
Growth	0. 1332 *** (7. 415)	0. 1641 *** (9. 500)
Fsh	0. 0517 (0. 854)	0. 0472 (0. 795)
Big4	0. 0956 *** (2. 630)	0. 1062 ** (2. 233)
Ind	控制	控制
Year	控制	控制
_CONS	2. 1177 *** (10. 644)	2. 6616 *** (12. 001)
N	12270	12276
Adj_R^2	0. 0843	0. 0779

注：模型中所有连续变量在 1%和 99%分位上进行了缩尾处理；***、**分别表示在 1%、5%的统计水平上显著，括号内为 *t* 值；方括号内为组间系数差异检验 p 统计量。

表 5-19 列报了信息互动充分性的分组回归结果。本书按照上市公司答复内容长度的中位值将全样本分为信息互动充分性较高（*High-suf*）和信息互动充分性较低（*Low-suf*）两组子样本，进行分组回归。由结果可知，*Interact*

的回归系数在互动充分性较高的样本中显著为正，在互动充分性较低的样本中不显著，表明新媒体信息互动提高股价信息含量的作用在互动充分性较高的情况下更显著（p=0.0210）。

表 5-19　信息互动充分性的分组回归结果

变量	*Pinfo*	
	(1)	(2)
	High-suf	*Low-suf*
Interact	0.0209*** (2.895)	-0.0018 (-0.270) [p=0.0210]
Size	-0.0536*** (-5.408)	-0.1266*** (-12.614)
Lev	0.5126*** (10.341)	0.4987*** (10.329)
Age	0.0010 (0.750)	0.0007 (0.510)
Bm	-0.7173*** (-17.298)	-0.2693*** (-6.435)
Tun	0.0603*** (14.317)	0.0395*** (9.735)
Growth	0.1757*** (9.478)	0.1403*** (8.368)
Fsh	-0.0365 (-0.632)	0.1214** (1.967)
Big4	0.0825** (2.180)	0.1142*** (2.583)
Ind	控制	控制
Year	控制	控制
_CONS	1.6594*** (8.139)	3.0937*** (14.731)
N	12269	12277
Adj_R^2	0.1044	0.0702

注：模型中所有连续变量在1%和99%分位上进行了缩尾处理；***、**分别表示在1%、5%的统计水平上显著，括号内为t值；方括号内为组间系数差异检验p统计量。

综合以上回归结果，本书得出以下结论：新媒体环境下信息互动的作用很大程度上取决于双方的互动效率。互动效率越高，信息使用者通过新媒体渠道与信息提供者之间信息传递的有效性、及时性和充分性越高，公司层面的特质信息越能够充分地影响股价波动，股价具有的信息含量越高。

（二）信息环境的异质性分析

进一步地，本书将从分析师关注、媒体报道、机构投资者持股三个方面检验信息环境不同的情况下，新媒体信息互动对股价信息含量是否具有差异化的影响。根据分析师跟踪数量、媒体报道数量和机构持股比例的中位值，本书将全样本分为信息环境较好（*High - analyst*、*High - media*、*High - inhld*）和信息环境较差（*Low-analyst*、*Low-media*、*Low-inhld*）子样本，分组回归结果见表 5-20。第（1）列和第（2）列显示，*Interact* 的回归系数在分析师关注度较高和较低的样本中均显著为正。系数差异检验表明，分析师关注度较高的样本中 *Interact* 的系数显著高于其对立样本，表明上市公司被越多的分析师跟踪，信息互动提高股价信息含量的作用越显著。类似地，第（3）列和第（4）列中，不论媒体关注度高低，*Interact* 的回归系数均在统计水平上显著为正，且当媒体关注度较高时，信息互动提升股价信息含量的效果更显著（$p=0.0068$）。由第（5）列和第（6）列可知，在机构持股比例较高的样本中，*Interact* 的回归系数显著为正，而在机构持股比例较低的样本中没有表现出显著性，表明机构持股比例越高，信息互动提高股价信息含量的作用越强。上述结果表明，上市公司的信息环境较好时，基于新媒体的信息互动机制能够更大程度地缓解信息不对称问题，促使公司层面的特质信息融入股价，同时说明证券分析师、新闻媒体、机构投资者等传统信息机制与新媒体信息互动机制在发挥信息效应、提高股价信息含量方面发挥了互补作用。

表 5-20　信息环境的分组回归结果

变量	*Pinfo*					
	(1)	(2)	(3)	(4)	(5)	(6)
	High-analyst	*Low-analyst*	*High-media*	*Low-media*	*High-inhld*	*Low-inhld*
Interact	0.0201*** (5.256)	0.0111*** (2.792) [p=0.0858]	0.0197*** (5.177)	0.0062* (1.695) [p=0.0068]	0.0205*** (5.373)	0.0060 (1.485) [p=0.0065]

续表

变量	*Pinfo*					
	(1)	(2)	(3)	(4)	(5)	(6)
	High-analyst	*Low-analyst*	*High-media*	*Low-media*	*High-inhld*	*Low-inhld*
Size	-0.0281*** (-3.324)	-0.1225*** (-12.521)	-0.1335*** (-13.626)	-0.1303*** (-18.474)	-0.0741*** (-9.885)	-0.1253*** (-14.007)
Lev	0.2215*** (4.852)	0.4783*** (13.310)	0.3438*** (8.198)	0.3526*** (9.735)	0.3480*** (8.471)	0.4784*** (12.659)
Age	-0.0037*** (-3.051)	0.0014 (1.284)	-0.0009 (-0.761)	0.0034*** (3.360)	0.0033*** (3.148)	-0.0047*** (-3.878)
Bm	-0.4814*** (-14.296)	-0.2409*** (-6.271)	-0.2282*** (-6.014)	-0.2348*** (-7.439)	-0.3929*** (-11.770)	-0.3049*** (-8.514)
Tun	0.0165*** (4.287)	0.0455*** (14.219)	0.0319*** (9.295)	0.0260*** (7.737)	0.0381*** (10.169)	0.0339*** (10.400)
Growth	0.1652*** (10.362)	0.0945*** (7.520)	0.1449*** (8.903)	0.0838*** (6.910)	0.1320*** (9.673)	0.0876*** (6.195)
Fsh	0.1330*** (2.842)	-0.0054 (-0.113)	0.2969*** (5.880)	0.0301 (0.678)	0.0014 (0.028)	-0.0241 (-0.406)
Big4	0.0714*** (2.788)	0.0019 (0.047)	0.0747* (1.903)	0.0813*** (3.086)	0.0792*** (3.187)	0.0090 (0.176)
Ind	控制	控制	控制	控制	控制	控制
Year	控制	控制	控制	控制	控制	控制
_CONS	0.9241*** (5.084)	2.7501*** (14.227)	2.8208*** (14.270)	3.1284*** (20.693)	1.8092*** (11.286)	2.9704*** (15.950)
N	13553	15215	11895	16873	14326	14442
Adj_R^2	0.0774	0.0902	0.0915	0.0876	0.0823	0.0886

注：模型中所有连续变量在1%和99%分位上进行了缩尾处理；***、*分别表示在1%和10%的统计水平上显著，括号内为 *t* 值；方括号内为组间系数差异检验 *p* 统计量。

五、作用机制研究

根据上述分析，新媒体环境下市场参与者之间的信息互动通过缓解信息不对称问题，促使公司层面的相关信息充分融入股价，从而提高股价信息含量。因此，信息不对称的缓解是信息互动与股价信息含量之间的重要作用机制，即信息传递机制。根据已有研究，股票流动性是信息不对称的重要表征，信息不对称水平越低，股票流动性越高（许年行等，2013）。基于此，本书进一步检验股票流动性是否在信息互动与股价信息含量之间发挥中介作用。对于股票非流动性的度量，现有研究主要从价格、交易量以及量价结合的角度构建指标，其中 Amihud 非流动性指标综合考虑了交易量和交易价格因素，得到了最为广泛的使用（Amihud，2002；Fong et al.，2017），计算方法如模型（5-7）所示：

$$ILLIQ_{i,t} = \frac{1}{D_{i,t}} \sum_{d=1}^{D_{i,t}} \left(\frac{|R_{i,t,d}|}{VOL_{i,t,d}} \right) \times 100\% \tag{5-7}$$

式中，$R_{i,t,d}$和 $VOL_{i,t,d}$分别为股票 i 第 t 年第 d 天的收益率和交易金额（单位：百万元），$D_{i,t}$为当年总交易天数。*ILLIQ* 越大，单位成交金额对价格的冲击越大，说明流动性水平较低。为便于解释，本书对该指标取相反数得到 *LIQ*，如模型（5-8）所示。*LIQ* 越大，股票流动性越高，信息不对称水平越低。

$$LIQ_{i,t} = -ILLIQ_{i,t} \tag{5-8}$$

为了检验股票流动性的中介作用，本书借鉴 Baron 和 Kenny（1986）的逐步回归法进行中介效应（路径）检验，回归结果见表 5-21。温忠麟和叶宝娟（2014）提出，逐步回归法具有较强的说服力，当中介效应较弱时，逐步回归法较难检验出中介效应，若得到存在中介效应的结果，则有力地证实了中介效应假说成立。具体地，第一步以 *Pinfo* 为被解释变量，以 *Interact* 为解释变量，第（1）列显示，*Interact* 的系数在 1%的水平上显著为正，同表 5-16。第二步以潜在的中介变量股票流动性（*LIQ*）为被解释变量，*Interact* 为解释变量。第（2）列显示，回归系数在 1%的水平上显著为正，表明新媒体环境下的信息互动显著地提高了股票的流动性水平，降低了信息不对称程度。第三步以 *Pinfo* 为被解释变量，同时加入解释变量 *Interact* 和中介变量 *LIQ*，*Interact* 和 *LIQ* 的回归系数均在 1%的水平上显著，且 *Interact* 的系数较第（1）列有所降低，表明 *LIQ* 是 *Interact* 与 *Pinfo* 之间的不完全中介，从而证明提高股票流动性、降低信息不对称程度是新媒体信息互动提高股价信息含量的作用机制，即新媒体信息互动通过信息传递机制提升市场信息效率。

表 5-21　股票流动性的机制检验结果

变量	(1)	(2)	(3)
	Pinfo	*LIQ*	*Pinfo*
Interact	0. 0128*** (4. 642)	0. 0019*** (9. 047)	0. 0112*** (3. 893)
LIQ			0. 4217*** (5. 340)
Size	-0. 0899*** (-16. 223)	0. 0357*** (86. 174)	-0. 0732*** (-11. 811)
Lev	0. 4079*** (14. 747)	-0. 0437*** (-21. 170)	0. 3846*** (13. 804)
Age	0. 0008 (1. 049)	0. 0004*** (7. 298)	0. 0010 (1. 284)
Bm	-0. 3729*** (-15. 521)	-0. 0851*** (-47. 434)	-0. 4130*** (-16. 579)
Tun	0. 0339*** (13. 899)	0. 0010*** (5. 640)	0. 0350*** (14. 350)
Growth	0. 1124*** (11. 444)	-0. 0069*** (-9. 410)	0. 1096*** (11. 140)
Fsh	0. 0547 (1. 623)	-0. 0386*** (-15. 338)	0. 0332 (0. 983)
Big4	0. 0786*** (3. 582)	-0. 0175*** (-10. 679)	0. 0696*** (3. 166)
Ind	控制	控制	控制
Year	控制	控制	控制
_CONS	2. 1595*** (18. 629)	-0. 7639*** (-88. 234)	1. 8236*** (13. 963)
N	28768	28768	28768
Adj_R^2	0. 0812	0. 2591	0. 0818

注：模型中所有连续变量在 1%和 99%分位上进行了缩尾处理；***表示在 1%的统计水平上显著，括号内为 *t* 值。

六、稳健性检验

（一）改变解释变量衡量方法

为避免测量偏差对研究结果产生的影响，本书更换解释变量衡量方法进行稳健性检验。在信息互动的过程中，投资者不仅可以对经营管理情况进行问询，还能够对自身掌握的信息进行确认，获得管理层的详细答复和解释。因此，投资者的提问和公司的答复均包含较多公司层面的特质信息。本书分别统计了投资者提问数量和公司答复数量，构造以下变量重新回归：①投资者提问（*Interact_Q*），“互动易”和“e互动”平台中上市公司收到的投资者提问数量加1取自然对数；②公司答复（*Interact_A*），“互动易”和“e互动”平台中上市公司的答复数量加1取自然对数。表5-22显示，信息互动变量的回归系数均在1%的水平上显著为正，表明研究结论稳健。

表5-22 改变解释变量衡量方法的回归结果

变量	*Pinfo*	
	(1)	(2)
Interact_Q	0.0130*** (4.228)	
Interact_A		0.0103*** (3.612)
Size	−0.0897*** (−16.137)	−0.0883*** (−15.987)
Lev	0.4059*** (14.676)	0.4030*** (14.572)
Age	0.0008 (0.999)	0.0008 (1.049)
Bm	−0.3729*** (−15.498)	−0.3770*** (−15.713)
Tun	0.0340*** (13.925)	0.0345*** (14.170)
Growth	0.1125*** (11.445)	0.1125*** (11.448)
Fsh	0.0540 (1.600)	0.0495 (1.471)

续表

变量	*Pinfo*	
	(1)	(2)
Big4	0.0778*** (3.546)	0.0770*** (3.506)
Ind	控制	控制
Year	控制	控制
_CONS	2.1645*** (18.632)	2.1459*** (18.518)
N	28768	28768
Adj_R^2	0.0811	0.0809

注：模型中所有连续变量在1%和99%分位上进行了缩尾处理；***表示在1%的统计水平上显著，括号内为 t 值。

（二）改变被解释变量衡量方法

为确保结果不受被解释变量测度方法的影响，借鉴 Chan 和 Hameed（2006）的研究，本书利用模型（5-9）和模型（5-10）重新计算股价信息含量指标。同前文定义，模型（5-9）中，$R_{i,t}$是股票 i 在第 t 周考虑现金红利再投资的周个股回报率，$R_{m,t}$是第 t 周经流通市值加权后的周市场回报率；$R_{n,t}$是股票 i 对应行业在第 t 周经流通市值加权后的回报率（计算时剔除股票 i 自身）。将 $R_{i,t}$代入模型（5-10）中即可得到 $Pinfo\_robust_{i,t}$（股票 i 在第 t 年的股价信息含量）。由表5-23可知，当以替代性的股价信息含量指标为被解释变量时，信息互动变量的系数依然在1%的水平上显著，验证了本书假设。

$$R_{i,t}=\alpha_0+\alpha_1 R_{m,t}+\alpha_2 R_{n,t}+\varepsilon_{i,t} \tag{5-9}$$

$$Pinfo\_robust_{i,t}=\ln\left(\frac{1-R_{i,t^2}}{R_{i,t^2}}\right) \tag{5-10}$$

表5-23　改变被解释变量衡量方法的回归结果

变量	*Pinfo_robust*
Interact	0.0224*** (7.216)
Size	-0.0951*** (-15.260)

续表

变量	*Pinfo_robust*
Lev	0. 5112 *** (16. 426)
Age	0. 0024 *** (2. 759)
Bm	-0. 5074 *** (-18. 769)
Tun	0. 0499 *** (18. 162)
Growth	0. 1477 *** (13. 361)
Fsh	0. 0444 (1. 172)
Big4	0. 0956 *** (3. 872)
Ind	控制
Year	控制
_CONS	2. 3841 *** (18. 280)
N	28768
Adj_R^2	0. 0953

注：模型中所有连续变量在 1%和 99%分位上进行了缩尾处理；*** 表示在 1%的统计水平上显著，括号内为 *t* 值。

（三）内生性检验

进一步地，本书通过 Heckman 两阶段模型和工具变量法解决潜在的内生性问题。首先，与投资者进行信息互动较多和较少的样本公司可能存在系统性差异，导致研究结果偏差。为此，本书采用 Heckman 两阶段模型克服样本选择性偏差。在第一阶段，本书构造虚拟变量 *Interact_num*，按照 *Interact* 的中位值区分信息互动水平较高和较低的样本。随后以 *Interact_num* 为被解释变量，以 *Size*、*Lev*、*Age*、*Bm*、是否发生并购重组（*MA*）等为解释变量进行回归，得到逆米尔斯比率（*IMR*）。在第二阶段，以 *Pinfo* 为被解释变量，将 *IMR* 作为控制变量加入回归模型中，结果如表 5-24 所示。*Interact* 的回归系数显著为正，表明在考虑样本选择问题后，本书结论没有发生改变。

表 5-24　Heckman 两阶段模型的回归结果

变量	*Pinfo*
Interact	0. 0122*** (4. 395)
Size	-0. 1163*** (-13. 106)
Lev	0. 5428*** (12. 076)
Age	0. 0038*** (3. 418)
Bm	-0. 2662*** (-7. 210)
Tun	0. 0340*** (13. 924)
Growth	0. 1116*** (11. 359)
Fsh	0. 0685** (2. 024)
Big4	0. 0820*** (3. 734)
IMR	-0. 2322*** (-3. 807)
Ind	控制
Year	控制
_CONS	2. 7727*** (13. 974)
N	28768
Adj_R^2	0. 0816

注：模型中所有连续变量在 1%和 99%分位上进行了缩尾处理；***、**分别表示在 1%、5%的统计水平上显著，括号内为 *t* 值。

其次，本书利用工具变量法解决互为因果导致的内生性问题。针对本书，解释变量与被解释变量之间可能存在反向关联，即由于上市公司股价信息含量较高，投资者在新媒体中对公司表现出更高的关注。为此，本书使用工具变量的两阶段最小二乘回归进一步解决内生性问题。在外生变量的选择上，借鉴 Jiang 和 Yuan（2018）、于忠泊等（2011）的研究，本书将同行业内其他上市公司在“互动易”和“e互动”平台中与投资者互动的平均数量（*Ind_Interact*）以及非流通股比例（*Nsh*）作为工具变量。表5-25列示了工具变量法的实证结果。Sargan检验中p大于0.1的临界值，接受工具变量均为外生的假设，表明不存在过度识别问题。*Interact*的回归系数依然在1%的水平上显著为正，表明解决互为因果导致的内生性问题后，研究结论稳健。

表5-25 工具变量法的回归结果

变量	(1)	(2)
	第一阶段	第二阶段
	Interact	*Pinfo*
Ind_Interact	0.9804*** (70.449)	
Nsh	0.5282*** (9.747)	
Interact		0.4381*** (7.034)
Size	0.4571*** (39.551)	-0.2807*** (-9.718)
Lev	-1.5572*** (-26.288)	1.1130*** (10.154)
Age	-0.0131*** (7.356)	0.0091*** (5.662)
Bm	-1.1729*** (-21.838)	0.0572 (0.808)
Tun	0.1505*** (27.170)	-0.0389*** (-3.492)
Growth	-0.0153 (-0.714)	0.0983*** (7.324)
Fsh	-1.7801*** (-24.746)	0.7683*** (6.753)
Big4	-0.6324*** (-13.545)	0.3497*** (7.066)
Ind	控制	控制
Year	控制	控制
_CONS	-8.3420*** (-33.316)	3.8850*** (13.087)

续表

变量	(1)	(2)
	第一阶段	第二阶段
	Interact	*Pinfo*
N	28767	28767
Sargan 检验	$p=0.1430$	

注：模型中所有连续变量在1%和99%分位上进行了缩尾处理；***表示在1%的统计水平上显著，括号内为 t/z 值。

第三节　本章小结

基于新媒体渠道的信息互动机制对信息内容的生成和传播方式产生了变革性影响。新媒体的交互式、便捷式和开放式特性提高了信息传播效率，适应了资本市场信息传播的新需求。本章基于信息效应，重点研究新媒体环境下信息互动行为对资本市场有效性的影响。具体而言，第一节主要检验了信息互动是否减少了盈余公告后价格漂移现象，并进一步从信息互动效率、公司信息环境的角度进行了异质性分析；第二节主要探究了信息互动如何影响股价信息含量，从信息互动效率、公司信息环境的角度进行异质性研究，进一步提出并检验其中的作用机制。为保证研究结果稳健，通过改变关键变量度量方法、变更事件窗口期、改变研究样本等方式进行稳健性检验，并采用 Heckman 两阶段模型、工具变量的最小二乘回归等方法解决样本选择性偏差、互为因果等内生性问题。

本章得到以下研究结论：①新媒体环境下投资者与上市公司之间信息互动的水平越高，盈余公告后股价漂移程度越低，说明信息互动提高了市场投资者对公司盈余信息的反应和处理能力；②信息互动效率（互动答复率、互动时效性、互动充分性）越高，信息互动对盈余公告后价格漂移的修正作用越显著；③信息环境越好，即分析师关注度越高、媒体报道越多、机构持股比例越高，信息互动对盈余公告后价格漂移的抑制作用越显著，表明新媒体信息互动机制与传统信息机制在调整市场对盈余公告的反应方面发挥互补作用；④新媒体环境下投资者与上市公司信息互动水平越高，股价变动反映公司层面的特质信息的程度越高，股价信息含量越高；⑤当信息互动效率较高时，信息互动提高股价信息含量的作用更显著；⑥信息环境越好，信息互动对股价信息含量的促进作用越强，新媒体信息互动机制与传统信息机制在提高股价信息效率上表现出了互补关系；⑦作用机制检验表明，信息互动通过信息传递机制，即增强股票的流动性，缓解上市公司与投资者之间的信息不对称问题，从而提高股价信息含量。

第六章

新媒体环境下信息互动的治理效应

在全面深化资本市场改革的过程中，提升公司治理质量，实现投资者权益保护是重要的理论与实践问题。长期以来，我国公司治理实践面临双重委托代理问题的现实困境。外部股东常常沦为“沉默的羔羊”，参与公司治理的实际效果饱受质疑。由于较为严重的利益冲突和缺乏有效的监督机制，管理层、控股股东等内部人员往往借助权力优势，隐蔽地实施在职消费、资金占用等各种形式的利益侵占，使上市公司和外部股东的权益受损。尤其在新兴市场，信息不对称问题突出，加之投资者保护制度性缺失（Allen et al.，2005），外部股东更加处于边缘化的弱势地位，其知情权和参与权得不到有效保障，合法权益受到践踏的现象层出不穷、屡禁不止。在网络和新媒体时代，双向的信息互动模式使投资者享有充分的知情权和参与权，以更加便捷、高效的方式获取信息，增强公司治理能力（郑国坚等，2016），有机会公开“发声”伸张利益诉求，利用舆论效应制约管理层和控股股东等内部人的机会主义行为。因此，新媒体环境下信息互动的经济后果研究可能需要进一步延伸到公司治理和投资者保护的视角。本章将在委托代理框架下，从管理层在职消费和控股股东掏空两类典型的代理问题展开，探究新媒体环境下信息互动的治理效应，即信息互动能否影响公司行为决策，抑制管理层和控股股东对公司的利益侵占，保护投资者权益。

第一节　信息互动与管理层在职消费：第一类代理问题的视角

一、理论分析与研究假设

Jensen 和 Meckling（1976）提出，两权分离的企业中，公司管理者与股东持有不同的利益目标。在缺乏有效监督的情况下，管理层有动机利用信息地位和权力优势为自身谋取利益，进行诸如盲目扩张、过度投资、建立商业帝国等有损公司和股东利益的活动。大量的研究证据表明，管理者会违背股东的期望擅用或滥用职权，将差旅费、业务招待费等管理资金用于个人的消费（Cai et al.，2011），这一行为在文献中称为在职消费。与工资、津贴、奖金等显性薪酬相比，在职消费行为作为隐性的薪酬契约形式更容易规避股东和监管机构的审查，成为管理层违规谋利的惯用手段（陈冬华等，2005；廖歆欣和刘运国，2016）。过度的在职消费是一种严重的代理冲突问题，是管理层对公司经营资源的违规侵占，以及对股东权益的隐形剥夺，会降低上市公司的经营效率，进而引致绩效下滑、股价崩盘、价值减损等长期而严重的危害（Yermack，2006；卢锐等，2008）。我国上市企业中，内部人在职消费行为极为普遍（陈冬华等，2005），有必要对这一公司治理问题予以重视，保护公司和股东的合法权益。

现有研究试图从不同角度探究约束管理层在职消费的内外部治理机制。例如，罗进辉和万迪昉（2009）认为，大股东持股及相关的股权结构特征对高管在职消费行为发挥了监督作用。孙泽宇和齐保垒（2021）研究发现，沪深港通交易制度的实施通过多种途径发挥了持续性的外部治理效应，显著降低了标的公司高管在职消费水平。由于在职消费对信息不对称的依赖程度较高，因此文献较为广泛地探究了媒体、分析师、审计师等信息机制对高管在职消费的治理作用（翟胜宝等，2015；褚剑和方军雄，2016；郭建鸾和简晓彤，2021）。受制于不健全的法律制度，我国投资者监督职能的发挥面临一定的信息困境和能力局限。长期以来，我国资本市场信息环境有待改善，上市公司的信息不透明度较高，外部股东处于相对劣势的信息地位，限制了其对管理层决策的监督约束（周美华等，2016）。正如 Bainbridg（2005）提出，外部股东对公司经营管理的知情权不足，阻碍了其参与公司经营决策，难以发挥治理效能。由此可见，增强投资者的信息能力和治理能力是约束管理层利益侵占行为，保护公司和股东利益的关键前提。

随着互联网技术和数字技术的发展，新媒体不仅成为资本市场重要的信息媒介，也成为增强投资者公司治理能力的有效机制。一方面，基于新媒体渠道的互动性、开放式的信息传播，开辟了资本市场的信息交互机制，增强了投资者的信息地位和信息能力。通常情况下，依赖高度的信息不对称，管理层借助自身的信息优势极易隐蔽地实施在职消费等利益侵占行为。通过新媒体渠道，外部股东与上市公司管理层可以进行实时的、持续的互动，能够更加及时、便捷地获取和解读公司信息，提高对管理层履职、业务交易等事项的知情权，增强对违规行为的辨识能力。面对投资者的关注，管理层以利益侵占为目的构建的交易活动更容易暴露，从而削弱了管理层实施机会主义行为的动机（窦超和罗劲博，2020）。另一方面，新媒体的舆论监督功能提高了外部股东参与公司治理的能力，强化了对管理层决策的监督约束。通常情况下，管理层是公司的经营者，在很大程度上享有公司决策的自由裁量权。在控制权较低的情况下，外部股东影响管理层决策的能力受到极大的限制。在网络时代，新媒体成为外部股东或中小股东增强话语权的有力工具。通过网络新媒体，投资者可以随时对上市公司的资金使用、高管履职等相关事项发表观点、质疑，甚至公开发声维权，揭发管理层的违规行为。基于新媒体的链式信息传播将进一步导致社会舆论风险，引起媒体、分析师等利益相关者的跟进关注（Zhang and Yang，2021）。如果管理层不能及时纠正或减少利益侵占，可能会使其更多的不当行为快速曝光，极大地损害公司或管理层的职业声誉。为了应对舆论压力，维护市场声誉，管理层会倾向于降低在职消费水平，减少对公司或股东的利益侵占。更重要的是，基于新媒体建立信息互动机制是监管机构对市场化监管和全面监督机制的一次创新性探索。新媒体中投资者与上市公司的互动信息为监管部门提供了重要的监管线索，有利于监管人员及时了解市场及投资者关注和反映的问题，及时、有效地采取监管措施。新媒体环境下信息互动越多，引发监管机构关注的可能性越高，提高了管理层的违规成本。为了降低监管风险，管理层会采取谨慎保守的决策，减少过度的在职消费活动。因此，新媒体环境下信息互动发挥了舆论监督作用和联动监管作用，从而形成有效的外部治理机制，有效抑制管理层的机会主义倾向。为此，本书提出如下假设：

假设 6-1：新媒体环境下信息互动水平越高，管理层在职消费的水平越低。

二、研究设计

（一）样本选择与数据来源

本书以中国沪深 A 股上市公司为研究样本。数据来源方面，信息互动数据来自“互动易”和“e 互动”平台的“问答”板块，涵盖自平台运行之初（“互动易”：2010 年；“e 互动”：2013 年）至 2020 年 12 月 31 日上市公司与投资者的问答数据。具体地，本书使用 Python2.7 软件抓取和存储了研究期间投资者与上市公司的所有互动问答及其具体时间。对于投资者提问类型的区分，本书基于百度 Senta 系统，采用机器学习法进行文本情绪分析，判定投资者提问的情感极性类别，具体步骤将在后文进行详细说明。管理层在职消费数据根据上市公司财务报表附注整理而成，市场化指数取自《中国分省份市场化指数报告》，监管问询数据来源于 CNRDS 数据库，其他数据来自 CSMAR 数据库。在初始数据的基础上，本书剔除金融类公司样本、ST 和 *ST 公司以及所需数据缺失或异常的样本，最终得到 26606 个公司-年度观测值。为降低极端异常值对研究结果的影响，对除虚拟变量外的所有变量在 1%和 99%分位上进行缩尾处理。本书使用的数据处理软件为 Stata 15.0。

（二）变量定义

1. 管理层在职消费（*Perk*）

根据公司治理相关文献，管理层在职消费反映了管理层对上市公司和股东利益的侵占程度，是最常使用的衡量第一类代理冲突的指标之一。参考陈冬华等（2005）的“八项费用”测算方法，本书整理年报财务报表附注中“支付的其他与经营活动有关的现金流”项目，将存在管理层滥用风险的项目合计加总，主要包括办公费、差旅费、业务招待费、通信费、出国培训费、董事会会费、车费和会议费八类支出，而后以公司总资产进行标准化，作为管理层在职消费（*Perk*）的代理变量，这一衡量方法在诸多中外权威文献中得到了广泛采用。由于变量取值接近，将其扩大 100 倍。

2. 信息互动水平（*Interact*）

在互动平台中，投资者的提问和公司的答复均涉及公司治理相关信息。

例如，2021 年 4 月 13 日，某投资者关注到每日互动（300766）自爆的“萝卜章”事件，询问该事件是不是管理层渎职导致的，公司治理体系是否符合要求，同时对上市公司信息披露提出了要求。该公司管理层对公司内部人员虚增合同的职务侵占行为做出说明，并回应完善治理结构和组织架构，促使管理层积极履责。本书以互动平台中投资者提问数量和上市公司答复数量之和加 1 取自然对数衡量新媒体环境下投资者与上市公司的信息互动水平（*Interact*）。此外，本书发现，新媒体平台中存在少量公司答复没有释放任何增量信息，对于投资者而言不具有决策有用性，如上市公司仅回复“谢谢关注”“感谢您的关注”“请查看公司年报”等内容。为了消除此类低质量、非实质性答复的干扰，本书将这类答复视为无效答复，不纳入上市公司答复总数的计算过程。为了更加细致地观测信息互动，本书还采用机器学习法对投资者的提问进行情绪分析，将投资者提问区分为消极和积极两种类型，进行异质性研究，具体方法步骤将在后文中详细说明。

3. 控制变量

根据陈冬华等（2005）、Zhang 等（2014）的研究成果，本书控制了其他可能影响管理层在职消费行为的公司基本特征和公司治理因素，同时控制了行业（*Ind*）和年度（*Year*）固定效应。具体的变量定义如表 6-1 所示。

表 6-1 变量定义

变量类型	变量名称	变量符号	变量定义
被解释变量	管理层在职消费	*Perk*	管理层在职消费金额总计/总资产×100
解释变量	信息互动水平	*Interact*	深圳证券交易所“互动易”和上海证券交易所“e 互动”平台中投资者提问数量和上市公司有效答复数量之和加 1 取自然对数
控制变量	资产规模	*Size*	总资产取自然对数
	资产负债率	*Lev*	负债总额/总资产×100%
	现金资产比例	*Cash*	现金及现金等价物金额/总资产×100%
	账面市值比	*Bm*	资产的账面价值/市值×100%
	股权集中度	*Fsh*	第一大股东的持股数量/总股数×100%
	产权性质	*Soe*	虚拟变量，实际控制人为国有企业取值为 1，否则取值为 0

续表

变量类型	变量名称	变量符号	变量定义
控制变量	独立董事比例	*Outdir*	独立董事人数/董事会人数×100%
	四大审计	*Big4*	虚拟变量，若审计机构为四大会计师事务所取值为1，否则取值为0
	行业	*Ind*	按照证监会《上市公司行业分类指引》（2012）设置行业虚拟变量
	年份	*Year*	年份虚拟变量

（三）模型构建

为探究新媒体环境下的信息互动能否抑制管理层的在职消费行为，本书采用模型（6-1）进行实证检验：

$$Perk_{i,t} = \alpha_0 + \alpha_1 Interact_{i,t} + \alpha_2 Controls_{i,t} + \sum Ind + \sum Year + \varepsilon_{i,t} \tag{6-1}$$

式中，$Perk_{i,t}$表示公司 i 在第 t 期的管理层在职消费水平，$Interact_{i,t}$表示公司 i 第 t 期在新媒体平台中与投资者信息互动的水平，$Controls_{i,t}$表示控制变量。本书重点关注的参数 α_1 表示新媒体环境下信息互动对管理层在职消费的影响效果，如果信息互动能够抑制管理层的在职消费行为，则预期 α_1 显著为负。

三、实证结果

（一）描述性统计

表6-2是主要变量的描述性统计。管理层在职消费变量 *Perk* 的均值和中位值分别为 0.674 和 0.423，标准差为 0.808，最大值和最小值分别为 4.784 和0.000，说明样本公司管理层在职消费支出占资产总额的比重平均为 67.4%，最高达478.4%，也有上市公司没有产生在职消费，表明我国上市公司中普遍存在管理层利用在职消费进行利益侵占的现象，且利益侵占的程度在不同公司间存在一定差异。信息互动变量 *Interact* 的均值为4.062，标准差为2.044，最大值和最小值分别为7.498 和0.000，表明样本公司平均每年在投资者互动平台中与投资者互动57.090 次，其中频次最高达1803.430 次，也

有部分上市公司没有与投资者通过新兴信息媒介开展任何互动交流。这一结果表明，整体上看，我国上市公司开始注重利用新媒体等互动式渠道与投资者进行信息沟通，但不同公司的互动程度尚存较大差异。

表 6-2 描述性统计

变量	样本量	均值	中位值	标准差	最大值	最小值
Perk	26606	0. 674	0. 423	0. 808	4. 784	0. 000
Interact	26606	4. 062	4. 543	2. 044	7. 498	0. 000
Size	26606	22. 067	21. 896	1. 300	26. 059	19. 525
Lev	26606	0. 428	0. 417	0. 217	0. 953	0. 049
Cash	26606	0. 191	0. 149	0. 143	0. 694	0. 013
Bm	26606	0. 614	0. 618	0. 244	1. 139	0. 104
Fsh	26606	0. 351	0. 330	0. 149	0. 750	0. 092
Soe	26606	0. 366	0. 000	0. 482	1. 000	0. 000
Outdir	26606	0. 375	0. 333	0. 053	0. 571	0. 333
Big4	26606	0. 054	0. 000	0. 227	1. 000	0. 000

控制变量 *Size* 的均值为 22. 067，标准差为 1. 300。*Lev* 的均值为 0. 428，标准差为 0. 217，表明样本公司负债总额占总资产的比例平均为 42. 8%，且样本公司间的负债水平存在一定差异。*Cash* 的均值为 0. 191，标准差为 0. 143，表明现金及现金等价物占总资产的比例平均为 19. 1%。*Fsh* 的均值为 0. 351，标准差为 0. 149，最大值和最小值分别为 0. 750 和 0. 092，表明我国上市公司第一大股东持股比例平均为 35. 1%，股权集中度较高，一股独大的现象较为突出，这与 Jiang 等（2010）的观点相一致。*Soe* 的均值为 0. 366，表明约有 36. 6%的样本公司是国有企业。*Outdir* 的均值为 0. 375，标准差为 0. 053，表明样本公司独立董事占比平均为 37. 5%，董事会在形式上具有一定的独立性，且样本间差异不大。*Big4* 的均值为 0. 054，表明仅有 5. 4%的样本公司是由四大会计师事务所审计的。总体来看，主要控制变量的分布情况与前人研究一致。

（二）相关性分析

表 6-3 是主要变量的 Pearson 相关系数。*Perk* 与 *Interact* 的相关系数不显

著，需进一步考虑其他控制变量的影响，进行更加严格的回归分析。*Perk* 与 *Cash* 之间的相关系数显著为正，表明当不考虑其他因素影响时，管理层在职消费程度与公司的现金资产比例呈正相关。*Perk* 与 *Size*、*Lev*、*Bm*、*Fsh*、*Soe*、*Big4* 等控制变量之间的相关系数显著为负，初步表明当不考虑其他因素影响时，管理层在职消费与公司的资产规模、资产负债率、账面市值比、股权集中度（第一大股东持股比例）、产权性质、四大审计呈负相关。同时，*Perk* 与 *Outdir* 没有表现出显著的相关性，变量间的关系需进一步检验。此外，控制变量间的相关系数不超过 0.6，进一步 VIF 检验显示模型不存在严重的多重共线性问题。由于相关系数矩阵只检验了变量两两之间的相关性，本书后续将在考虑其他因素的影响下，对变量之间的关系进行回归分析。

表 6-3　相关性分析

变量	*Perk*	*Interact*	*Size*	*Lev*	*Cash*	*Bm*	*Fsh*
Perk	1						
Interact	0. 030	1					
Size	-0. 202***	-0. 021***	1				
Lev	-0. 113***	-0. 190***	0. 470***	1			
Cash	0. 096***	0. 018***	-0. 260***	-0. 400***	1		
Bm	-0. 204***	-0. 114***	0. 580***	0. 306***	-0. 146***	1	
Fsh	-0. 079***	-0. 143***	0. 225***	0. 035***	0. 039***	0. 171***	1
Soe	-0. 138***	-0. 265***	0. 361***	0. 299***	-0. 131***	0. 205***	0. 207***
Outdir	-0. 005	0. 051***	0. 010	-0. 004	0. 002	-0. 020***	0. 045***
Big4	-0. 064***	-0. 078***	0. 342***	0. 098***	-0. 050***	0. 155***	0. 143***
变量	*Soe*	*Outdir*	*Big4*				
Soe	1						
Outdir	-0. 055***	1					
Big4	0. 142***	0. 033***	1				

注：模型中所有连续变量在 1%和 99%分位上进行了缩尾处理；*** 表示在 1%的统计水平上显著。

（三）多元回归结果

表 6-4 列报了新媒体环境下信息互动对管理层在职消费的回归结果。*Interact* 的回归系数为-0. 0215，且在 1%的统计水平上显著（t=-4. 334），表明

在控制其他因素影响后，新媒体信息互动能够降低管理层在职消费水平，验证了研究假设 6-1。对于控制变量，*Size* 和 *Lev* 的回归系数不显著，表明公司的资产规模和资产负债率与管理层利益侵占水平没有表现出显著关系。*Cash* 的回归系数在 1%的水平上显著为正，表明公司现金资产比例与管理层在职消费水平呈正相关。*Fsh* 的回归系数在 1%的水平上显著为负，表明第一大股东持股比例与管理层自利程度负相关，原因在于第一大股东持股比例越高，大股东与上市公司的利益越趋同，因此更加重视公司内部治理，对管理层的利益侵占行为进行更为严格的监督。*Soe* 的回归系数显著为负，表明国有企业中管理层在职消费的程度较低。*Outdir*、*Big*4 的回归系数显著为负，表明独立董事比例、四大审计能够对管理层自利行为施以有效制约，缓解第一类代理问题。

表 6-4 新媒体环境下信息互动对管理层在职消费的回归结果

变量	*Perk*
Interact	−0. 0215*** (−4. 334)
Size	0. 0117 (1. 510)
Lev	0. 0216 (0. 438)
Cash	0. 4527*** (6. 816)
Bm	−0. 8700*** (−21. 375)
Fsh	−0. 2242*** (−3. 752)
Soe	−0. 2265*** (−11. 437)
Outdir	−0. 2602* (−1. 664)
Big4	−0. 1092*** (−2. 813)
Ind	控制

续表

变量	*Perk*
Year	控制
_CONS	0.9873*** (5.746)
N	26606
Adj_R^2	0.0767

注：模型中所有连续变量在1%和99%分位上进行了缩尾处理；***、*分别表示在1%和10%的统计水平上显著，括号内为*t*值。

四、异质性研究

新媒体信息互动的过程中，投资者的提问或质询会表现出负面、中性抑或正面情绪。显然，不同情感倾向的提问引发的舆论效果不同，对公司管理层产生的威慑作用也存在差异（罗劲博和熊艳，2021）。因此，本书将检验当信息互动过程中投资者情绪倾向不同时，信息互动是否发挥了差异化的治理效果。此外，基于新媒体的市场参与者之间的信息互动被认为是一种非正式的治理机制（Zhou et al.，2021），其能否成为正式治理机制缺失下的替代性治理工具？根据已有研究，管理层的利益侵占行为受到正式治理机制的制约和监督（陈冬华等，2005），其中公司治理环境、法律制度保护是最为重要的两种正式治理机制（Gao and Kling，2008）。本书将基于异质性视角，进一步检验不同水平的正式治理机制（公司治理环境和法律制度保护）下，新媒体信息互动对管理层在职消费的影响。

（一）投资者情绪倾向的异质性分析

当前金融财务领域文本情感分析的主流方法主要包括词典法和机器学习法。其中，词典法是利用消极、中性、积极情绪词典（如LM词典）来判定文本的情感倾向（Loughran and McDonald，2011），但这一方法并不能很好地适用于中国语境下的文本分析，这是因为在进行中文文本分析时，通常需要将英文情绪词典翻译成中文，这一过程中涉及主观编译，而中英词汇含义和语境存在很大不同。此外，词典法忽略了上下文语境，例如“降低”一词在讨论成本时为积极词汇，而在讨论利润时成为消极词汇，忽略上下文语境直接判定情感情绪会造成较大的测量偏差。借鉴 Li（2010）的研究成果，本书利用机器学习法，借助百度 Senta 系统，以 Bi-LSTM 模型进行自然语言分析，判定投资者提问的情感倾向，输出语句的情感分类（积极/消极）。对带有主观情绪和描述的中文文本，百度 Senta 系统可智能判断该文本的情感极性类别并提供置信度。该模型基于一个双向 LSTM 结构，情感类型分为积极和消极。Bi-LSTM 模型经过了大量文本预训练，在电商、媒体、金融等特定场景都得到了广泛应用，被证实具有高于 85%的准确性（Hameed and Garcia-Zapirain, 2020）。利用大规模 Bi-LSTM 预训练模型，本书输入投资者提问文本，智能判定文本的情感极性类别，输出情感得分参数（介于 0~1 之间），将消极情感得分大于 0.5 的投资者提问定义为负面提问，表示投资者提问具有消极倾向；将小于 0.5 的投资者提问定义为正面提问，表明投资者提问具有积极倾向。

本书的样本中，部分公司在新媒体平台中没有受到投资者的关注和提问，无法进行文本情绪分析，故将此类样本予以剔除。根据投资者负面提问数量的中位值，将样本分为负面情绪较高（*High-neg*）和负面情绪较低（*Low-neg*）两组子样本，进行分组回归。表 6-5 显示，信息互动过程中投资者负面情绪较高的样本中，*Interact* 的回归系数在 1%的水平上显著为负，而负面情绪较低的样本中，*Interact* 的回归系数不显著，且两组样本的回归系数在统计上存在显著差异。以上结果表明，投资者与上市公司通过新媒体进行信息互动的过程中，投资者表现出越负面的情感倾向，对管理层自利行为的威慑作用越大，越能监督管理层的行为决策，从而抑制在职消费的作用越显著。

表 6-5 投资者情绪倾向的分组回归结果

变量	*Perk*	
	(1)	(2)
	High-neg	*Low-neg*
Interact	-0.0340*** (-2.582)	-0.0099 (-0.711) [p=0.0740]
Size	-0.0115 (-1.157)	0.0222* (1.738)

续表

变量	*Perk*	
	(1)	(2)
	High-neg	*Low-neg*
Lev	0. 0383 (0. 600)	0. 0769 (0. 959)
Cash	0. 6503*** (8. 019)	0. 3456*** (3. 084)
Bm	-0. 7784*** (-15. 357)	-0. 8568*** (-12. 791)
Fsh	-0. 2364*** (-3. 039)	-0. 1807* (-1. 883)
Soe	-0. 1950*** (-7. 476)	-0. 2960*** (-9. 421)
Outdir	-0. 2993 (-1. 553)	-0. 1785 (-0. 696)
Big4	-0. 1360** (-2. 424)	-0. 0981 (-1. 626)
Ind	控制	控制
Year	控制	控制
_CONS	1. 5186*** (6. 515)	0. 6907** (2. 453)
N	11531	11744
Adj_R^2	0. 0913	0. 0679

注：模型中所有连续变量在1%和99%分位上进行了缩尾处理；***、**、*分别表示在1%、5%和10%的统计水平上显著，括号内为 *t* 值；方括号内为组间系数差异检验 *p* 统计量。

（二）公司治理环境的异质性分析

治理水平是公司内部和外部治理因素的综合，反映了治理机制能否有效缓解公司内外部的代理冲突（Xu et al.，2017）。信息互动抑制管理层在职消费的作用效果在不同的公司治理环境下是否存在异质性？参考现有文献（Chen et al.，2018），结合中国的制度背景和公司治理实践，本书从第一大股东持股比例和产权性质两个方面衡量公司的治理环境。一方面，第一大股东持股比例越高，现金流权与控制权相分离的程度越低，大股东与公司的利益越趋于一致，对管理层的监督作用越强（Cheng，2008；王化成等，2015）。另一方面，与非国有企业相比，国有上市公司治理结构更加完善，内部人受到更加健全的监督制约，利益侵占问题较少（Jiang et al.，2010；姜付秀等，2015）。因此，通常第一大股东持股比例较高的企业以及国有企业的治理环境相对较好。

按照中位值将全样本分为第一大股东持股比例较高（*High-Fsh*）和持股比例较低（*Low-Fsh*）子样本，以及国有企业（*Soe*）和非国有企业（*Nsoe*）子样本进行分组回归，回归结果见表6-6。对于 *High-Fsh* 和 *Soe* 样本，*Interact* 的回归系数不显著，而在 *Low-Fsh* 和 *Nsoe* 样本中，*Interact* 的回归系数在1%的水平上显著为负，表明信息互动对管理层在职消费的治理作用在第一大股东持股比例较低的企业以及非国有企业中更显著。以上结果表明，当公司的治理环境较差，内部治理机制无法有效监督管理层决策时，基于新媒体的信息互动机制能够弥补公司正式治理机制的功能缺失，对抑制管理层利益侵占、保护股东权益表现出更强的作用。

表6-6 治理环境的分组回归结果

变量	*Perk*			
	(1)	(2)	(3)	(4)
	High-Fsh	*Low-Fsh*	*Soe*	*Nsoe*
Interact	-0.0056 (-0.793)	-0.0259*** (-3.497) [p=0.0909]	0.0077 (1.448)	-0.0239*** (-3.132) [p=0.0056]
Size	-0.0558*** (-4.403)	0.0270** (2.306)	-0.0446*** (-4.476)	0.0087 (0.743)
Lev	0.1965*** (2.755)	0.0103 (0.149)	-0.0251 (-0.493)	0.1086 (1.484)
Cash	0.3379*** (3.874)	0.5077*** (5.004)	0.2224*** (2.778)	0.5734*** (6.191)
Bm	-0.7764*** (-12.497)	-0.9916*** (-16.223)	-0.4745*** (-9.241)	-1.0688*** (-17.988)
Fsh			-0.2719*** (-4.458)	-0.1768** (-1.983)

续表

变量	Perk			
	(1)	(2)	(3)	(4)
	High-Fsh	*Low-Fsh*	*Soe*	*Nsoe*
Soe	-0.2508*** (-9.515)	-0.1718*** (-5.763)		
Outdir	-0.2138 (-1.071)	-0.3064 (-1.259)	-0.3685** (-2.281)	-0.2418 (-1.048)
Big4	0.0343 -0.2508***	-0.2420*** -0.1718***	-0.0043 (-0.135)	-0.1910*** (-2.632)
Ind	控制	控制	控制	控制
Year	控制	控制	控制	控制
_CONS	2.1527*** (7.854)	0.7083*** (2.700)	1.9080*** (9.194)	1.0195*** (3.809)
N	13250	13356	9746	16860
Adj_R^2	0.0797	0.0786	0.1210	0.0541

注：模型中所有连续变量在1%和99%分位上进行了缩尾处理；***、**分别表示在1%、5%的统计水平上显著，括号内为t值；方括号内为组间系数差异检验p统计量。

（三）法律制度保护的异质性分析

新兴市场中，侵害外部股东权益的案件屡屡发生，与法律保护制度不健全这一制度背景密切相关（Allen et al.，2005）。借鉴Wu等（2009）的研究成果，本书以上市公司所在地级市的市场化指数及法律制度指数两项指标衡量地区投资者法律制度保护程度。按照中位值，将全样本分为市场化指数较高（*High-MI*）和市场化指数较低（*Low-MI*）子样本，以及法律制度指数较高（*High-LII*）和法律制度指数较低（*Low-LII*）子样本，分别进行分组回归。表6-7显示，对于市场化程度较低和法律制度成熟度较低的样本，*Interact*的回归系数在1%的水平上显著为负，而在市场化程度较高和法律制度较为健全的样本中，*Interact*的回归系数为负但显著性相对较低，进一步检验显示，对立样本之间*Interact*的回归系数差异显著。以上结果表明，公司所在地法律制度对股东权益的保护程度越低，辖区内公司及管理层利益股东利益的违规成本越低，此时新媒体信息互动成为一种替代性的治理机制，对监督管理层决策，抑制其在职消费行为产生更强的治理作用。

表 6-7 法律制度保护的分组回归结果

变量	Perk			
	(1)	(2)	(3)	(4)
	High-MI	*Low-MI*	*High-LII*	*Low-LII*
Interact	-0.0021 (-0.365)	-0.0279*** (-3.557) [p=0.0237]	-0.0101* (-1.806)	-0.0305*** (-3.768) [p=0.0813]
Size	-0.0875*** (-8.186)	0.0375 (1.512)	0.0167* (1.843)	0.0115 (0.928)
Lev	0.0938 (1.616)	0.0934 (1.238)	-0.1075* (-1.798)	0.1140 (1.486)
Cash	0.2632*** (3.650)	0.6176*** (5.657)	0.3028*** (4.176)	0.6197*** (5.520)
Bm	-0.5648*** (-11.870)	-0.9770*** (-15.100)	-0.7909*** (-17.091)	-0.9407*** (-14.194)
Fsh	-0.0939 (-1.423)	-0.2652*** (-2.761)	-0.1726*** (-2.587)	-0.2906*** (-2.950)
Soe	-0.1583*** (-6.543)	-0.2610*** (-8.549)	-0.2276*** (-9.379)	-0.2513*** (-8.085)
Outdir	-0.2210 (-1.271)	-0.2983 (-1.188)	-0.0630 (-0.361)	-0.4796* (1.852)
Big4	0.0313 (0.775)	-0.1336* (-1.946)	-0.0681* (-1.674)	-0.1896*** (-2.726)
Ind	控制	控制	控制	控制
Year	控制	控制	控制	控制
_CONS	2.8366*** (12.140)	0.9215*** (3.403)	0.8126*** (4.089)	1.0637*** (3.853)
N	12433	14168	13090	13511
Adj_R^2	0.1131	0.0698	0.1008	0.0710

注：模型中所有连续变量在1%和99%分位上进行了缩尾处理；***、*分别表示在1%和10%的统计水平上显著，括号内为 t 值；方括号内为组间系数差异检验 p 统计量。

五、作用机制研究

新媒体环境下的信息互动以何种路径影响公司管理层行为决策，抑制其利益侵占行为？基于上文理论分析和假设提出的逻辑观点，本书认为，基于新媒体链式信息传播的特性，信息互动表现出辐射性的影响力，能够引发媒体等利益相关者的跟进关注，对上市公司造成舆论压力（郑国坚等，2016），进而对管理层决策发挥联合监督作用。同时，新媒体渠道中的信息互动具有溢出效应，能够为监管部门提供监管线索，提高管理层违规成本，提高上市公司的治理有效性。据此，本书提出舆论压力机制和联动监管机制，分别从引发媒体负面关注、招致监管机构问询两个方面探究信息互动发挥治理效应的作用机制。

（一）舆论压力机制：引发媒体负面关注

新媒体中的信息传播具有开放性和溢出性，极易产生舆论效应（Zhou et al.，2021）。当股东通过新媒体与管理层互动或提出质询时，公司内部人的不当行为更可能被暴露或揭发，进而引发新闻媒体等外部治理角色的跟踪关注，使管理层的决策处于外部监督的“聚光灯”下，难以对公司和股东实施利益侵占（窦超和罗劲博，2020）。例如，不乏投资者在社交媒体中控诉和谴责天价薪酬、资金滥用等可能存在管理层利益侵占风险的事项，进而引发新闻媒体的跟踪报道及社会各界的广泛关注，对上市公司合法性和管理层职业生涯造成负面影响。为规避舆论风险，维护公司和个人声誉，管理层会理性地选择减少对公司和股东的利益侵占。因此，新媒体信息互动可能通过舆论压力机制，引发媒体的负面关注来抑制管理层的在职消费行为。

本书使用逐步回归法检验媒体负面关注的中介效应，将与公司相关的新闻媒体负面报道的数量加 1 取自然对数作为媒体负面关注的代理变量 *Media*，表 6-8 列报了逐步回归结果。第一步以管理层在职消费 *Perk* 为被解释变量，以信息互动 *Interact* 为解释变量。第（1）列表明，*Interact* 的回归系数在 1%的水平上显著为负，同表 6-4 的结果。第二步以中介变量媒体负面关注 *Media* 为被解释变量，以 *Interact* 为解释变量。第（2）列显示，*Interact* 的回归系数在 1%的水平上显著为正，投资者与上市公司之间的信息互动和新闻媒体的负面报道呈正相关，表明新媒体具有引发舆论的效果。第三步以 *Perk* 为被解释变量，同时加入解释变量 *Interact* 和中介变量 *Media*。第（3）列显示，*Media* 和 *Interact* 的回归系数均在 1%的水平上显著为负，且 *Interact* 的回归系数的绝对值有所降低，证明 *Media* 是 *Interact* 与 *Perk* 之间的不完全中介——新媒体环境下的信息互动通过舆论压力机制，即引发新闻媒体的负面关注，对管理层的在职消费产生监督治理作用。

表 6-8 媒体负面关注的机制检验结果

变量	(1)	(2)	(3)
	Perk	*Media*	*Perk*
Interact	-0.0215*** (-4.334)	0.0333*** (9.828)	-0.0138*** (-2.770)
Media			-0.0723*** (-8.169)
Size	0.0117 (1.510)	0.4460*** (70.189)	-0.1151*** (-11.434)
Lev	0.0216 (0.438)	0.2811*** (8.888)	0.1530*** (3.107)
Cash	0.4527*** (6.816)	0.2240*** (5.211)	0.3697*** (5.562)
Bm	-0.8700*** (-21.375)	-1.0158*** (-33.085)	-0.5946*** (-13.814)
Fsh	-0.2242*** (-3.752)	-0.0080 (-0.209)	-0.1483** (-2.505)
Soe	-0.2265*** (-11.437)	-0.0453*** (-3.549)	-0.1828*** (-9.233)
Outdir	-0.2602* (-1.664)	0.5750*** (5.737)	-0.2740* (-1.757)
Big4	-0.1092*** (-2.813)	0.3172*** (12.616)	-0.0122 (-0.311)
Ind	控制	控制	控制
Year	控制	控制	控制
_CONS	0.9873*** (5.746)	-7.4714*** (-54.582)	3.3463*** (15.592)

续表

变量	(1)	(2)	(3)
	Perk	*Media*	*Perk*
N	26606	26606	26606
Adj_R^2	0. 0767	0. 3410	0. 0819

注：模型中所有连续变量在1%和99%分位上进行了缩尾处理；***、**、*分别表示在1%、5%和10%的统计水平上显著，括号内为 t 值。

（二）联动监管机制：招致监管机构问询

通过新媒体技术建立互动平台是监管机构探索资本市场市场化监管模式和全民监督机制的重要“落点”。以“互动易”和“e 互动”平台为例，投资者与上市公司的互动信息提供了重要的监管线索，有助于交易所、证监会等部门的监管人员掌握市场主体反映的、投资者普遍关注的问题，及时了解互动过程中暴露出的公司治理的薄弱环节和不当行为，从而有针对性地采取监管措施，提高上市公司监管的有效性（陈运森等，2019）。现实中，不乏上市公司与投资者在新媒体互动平台交流有关事项后，随即收到监管机构的问询函，对公司经营管理事项予以关注和调查。因此，本书认为新媒体中的信息互动发挥了联动监管作用，招致监管机构的关注和问询，从而提高了管理层的违规成本，对其利益侵占产生威慑作用。

表 6-9 是监管机构问询的中介效应检验结果。本书将上市公司收到交易所问询的次数加 1 取自然对数作为监管机构问询（*Inquiry*）的代理变量。由于监管问询数据缺失，本部分回归样本量减少为 15411。第（1）列以 *Perk* 为被解释变量，以 *Interact* 为解释变量，*Interact* 的回归系数在 5%的水平上显著为负；第（2）列以 *Inquiry* 为被解释变量，以 *Interact* 为解释变量，*Interact* 的回归系数在 1%的水平上显著为正，表明新媒体中的信息互动提升了交易所等监管机构对上市公司的问询程度，即新媒体具有联动监管的作用；第（3）列以 *Perk* 为被解释变量，同时加入解释变量 *Interact* 和中介变量 *Inquiry*，两者的回归系数均显著为负，且 *Interact* 系数的显著性降低，绝对值较第（1）列有所减小，表明 *Inquiry* 是 *Interact* 与 *Perk* 的不完全中介变量。以上结果表明，新媒体环境下的信息互动通过联动监管机制，招致监管机构的问询，增加了管理层实施利益侵占的监管风险和违规成本，进而降低了管理层在职消费水平。

表 6-9　监管机构问询的机制检验结果

变量	(1)	(2)	(3)
	Perk	*Inquiry*	*Perk*
Interact	-0.0142** (-2.026)	0.0562*** (10.923)	-0.0123* (-1.756)
Inquiry			-0.0400*** (-4.263)
Size	0.0276*** (3.313)	-0.0894*** (-15.448)	0.0190** (2.365)
Lev	-0.1961*** (-3.748)	0.9931*** (26.918)	-0.1093** (-2.090)
Cash	0.2849*** (3.748)	-0.4712*** (-8.622)	0.2508*** (3.294)
Bm	-0.3775*** (-5.945)	0.0351*** (7.022)	-0.3527*** (-5.568)
Fsh	-0.0930 (-1.457)	-0.4442*** (-9.649)	-0.1218* (-1.917)
Soe	-0.3074*** (-14.749)	-0.1455*** (-9.693)	-0.3155*** (-15.074)
Outdir	-0.1368 (-0.850)	0.5032*** (4.340)	-0.1103 (-0.684)
Big4	-0.1191*** (-2.987)	-0.0220 (-0.768)	-0.1214*** (-3.030)
Ind	控制	控制	控制
Year	控制	控制	控制
_CONS	0.2787 (1.459)	1.6227*** (11.668)	0.4196** (2.240)
N	15411	15411	15411
Adj_R^2	0.0957	0.1192	0.0989

注：模型中所有连续变量在1%和99%分位上进行了缩尾处理；***、**、*分别表示在1%、5%和10%的统计水平上显著，括号内为 t 值。

六、稳健性检验

（一）改变核心变量衡量方法

对于解释变量，相较于上市公司的答复，投资者的问询更具有威慑力，为防止仅将问答互动总数作为解释变量造成结果偏差，本书又以投资者提问数量（*Interact_Q*）为解释变量进行稳健性检验。表 6-10 第（1）列中，*Interact_Q* 的回归系数在 1%的水平上显著为负，结论没有改变。对于被解释变量，为消除量纲影响，前文使用管理层在职消费总额除以总资产进行标准化。为使指标更具可比性，本书在上述在职消费指标的基础上除以管理层人数作为被解释变量 *Perk_Ave* 进行稳健性检验。第（2）列显示，*Interact* 的回归系数依然在 1%的水平上显著为负。综上，改变核心变量计量方法后，研究结果仍然符合假设预期。

表 6-10 改变核心变量衡量方法的回归结果

变量	(1)	(2)
	Perk	*Perk_Ave*
Interact_Q	-0.0248*** (-4.507)	
Interact		-0.0040*** (-3.579)
Size	0.0122 (1.564)	-0.0086*** (-4.949)
Lev	0.0217 (0.440)	0.0516*** (4.688)
Cash	0.4528*** (6.818)	0.1268*** (8.557)
Bm	-0.8724*** (-21.418)	-0.1637*** (-18.028)
Fsh	-0.2274*** (-3.803)	-0.0265** (-1.990)
Soe	-0.2267*** (-11.457)	-0.0368*** (-8.330)

续表

变量	(1)	(2)
	Perk	Perk_Ave
Outdir	−0.2581* (−1.650)	0.0141 (0.404)
Big4	−0.1090*** (−2.809)	−0.0110 (−1.273)
Ind	控制	控制
Year	控制	控制
_CONS	0.9800*** (5.707)	0.3334*** (8.700)
N	26606	26606
Adj_R^2	0.0768	0.0549

注：模型中所有连续变量在1%和99%分位上进行了缩尾处理；***、**、*分别表示在1%、5%和10%的统计水平上显著，括号内为 t 值。

（二）内生性检验：Lead-Lag Change 检验

对于本部分的研究问题，解释变量与被解释变量之间存在反向因果关联，即由于上市公司管理层与股东之间的代理冲突较小，利益侵占行为较少，投资者更愿意关注此类公司，与之进行更多的信息互动。为解决这一问题，借鉴 Chen 等（2018）的研究成果，本书使用 Lead-Lag Change 方法，将模型（6-1）的所有连续变量构造差分项，并将所有解释变量和控制变量滞后一期处理，如模型（6-2）所示。

$$\Delta Perk_{i,t} = \alpha_0 + \alpha_1 \Delta Interact_{i,t-1} + \alpha_2 \Delta Controls_{i,t-1} + \sum Ind + \sum Year + \varepsilon_{i,t} \quad (6\text{-}2)$$

式中，$\Delta Perk_{i,t}$ 为公司 i 在 t 年管理层在职消费与 $t-1$ 年的差值，$\Delta Interact_{i,t-1}$ 为公司 i 在 $t-1$ 年新媒体信息互动与 $t-2$ 年的差值，预期 $\Delta Interact_{i,t-1}$ 的系数显著为负。表 6-11 的回归结果显示，$\Delta Interact_{i,t-1}$ 的回归系数为负且在 1%的水平上显著，表明在以滞后差分方法解决内生性问题后，研究假设依然得到验证。

表 6-11 Lead-Lag Change 检验的回归结果

变量	$\Delta Perk$
$\Delta Interact$	-0.0133*** (-2.649)
$\Delta Size$	0.0088 (0.529)
ΔLev	0.0978 (1.421)
$\Delta Cash$	0.0076 (0.115)
ΔBm	-0.3136*** (-8.023)
ΔFsh	-0.2137 (-1.571)
Soe	-0.0111 (-0.843)
$\Delta Outdir$	-0.2307 (-1.365)
Big4	0.0124 (0.475)
Ind	控制
Year	控制
_*CONS*	0.0118 (0.249)
N	18232
Adj_R^2	0.0043

注：模型中所有连续变量在 1%和 99%分位上进行了缩尾处理；***表示在 1%的统计水平上显著，括号内为 *t* 值。

（三）内生性检验：工具变量法

除 Lead-Lag Change 检验外，本书进一步利用工具变量的两阶段最小二乘回归解决内生性问题。在外生变量的选择上，借鉴 Jiang 和 Yuan（2018）、于忠泊等（2011）的研究成果，本书将同行业内其他上市公司在“互动易”和“e 互动”平台中与投资者信息互动的平均水平（*Ind_Interact*）以及非流通股比例（*Nsh*）作为工具变量，回归结果见表 6-12。Sargan 检验中 *p* 大于 0.1 的临界值，说明工具变量均为外生，不存在过度识别问题。*Interact* 的回归系数依然在 1%的水平上显著为负，表明利用工具变量法解决内生性问题后，研究结论不变。

表 6-12 工具变量法的回归结果

变量	(1)	(2)
	Interact	*Tunnel*
Ind_Interact	0.9098*** (58.714)	
Nsh	0.4901*** (11.614)	
Interact		-0.0781*** (-5.440)
Size	0.1224*** (13.358)	0.0219*** (2.692)
Lev	-1.0101*** (-17.568)	-0.0513 (-0.978)
Cash	0.5009*** (6.374)	0.4690*** (7.034)
Bm	-0.2108*** (-4.199)	-0.8986*** (-21.719)
Fsh	-1.2875*** (-18.255)	-0.2916*** (-4.701)
Soe	-0.5238*** (-21.994)	-0.2649*** (-12.142)
Outdir	0.5416*** (2.990)	-0.2165 (-1.378)
Big4	-0.3728*** (-8.299)	-0.1348*** (-3.428)
Ind	控制	控制
Year	控制	控制
_CONS	-1.3361*** (-6.483)	1.2327** (2.445)
N	26600	26600
Sargan 检验	$p=0.5957$	

注：模型中所有连续变量在1%和99%分位上进行了缩尾处理；***、**分别表示在1%、5%的统计水平上显著，括号内为 t/z 值。

第二节　信息互动与控股股东掏空：第二类代理问题的视角

一、理论分析与研究假设

随着公司治理研究的不断深入，越来越多的研究发现，在新兴市场国家或地区，上市公司的股权结构相对集中，大股东与中小股东之间的代理冲突尤为严重。Johnson 等（2000）指出，大股东与中小股东存在不同的利益目标，在治理结构失衡的情况下，大股东可能为了自身利益而损害上市公司和中小股东的利益。Jiang 等（2015）认为，由于股权结构的高度集中，新兴资本市场中的委托代理问题更加突出地表现在控股股东与其他股东的利益冲突上。与股权高度分散的成熟资本市场不同，在我国上市公司中，控制权普遍集中在少数股东手中，一股独大的现象尤为普遍（姜付秀等，2015）。控制权优势下，大股东有能力指派自己的代表进入公司的董事会和管理层等决策层，进而控制公司的重大经营决策（La Porta et al.，2000）。大量研究发现，控股股东容易滥用控制权侵占上市公司资金（李增泉等，2004；Jiang et al.，2010），利用关联交易获取不当利益（Cheung et al.，2006；魏明海等，2013），为关联方提供违规担保（Berkman et al.，2009）等利益输送和资源攫取活动，损害上市公司和股东的合法权益。在文献中，上述以转移资产和利益输送为目的的活动，称为掏空行为。控股股东掏空加剧了上市公司的经营风险和财务困境，降低了盈余持续性和未来股票收益，极大地损害了广大投资者的利益（姜国华和岳衡，2005）。在投资者法律保护制度不健全的背景下，治理机制缺失会导致控股股东掏空问题屡禁不止（Liu and Lu，2007；郑国坚等，2013）。因此，需要探索有效的内外部治理机制，约束控股股东的掏空意图（叶康涛等，2009）。

现实中，控股股东与外部股东之间存在严重的信息非均衡问题，且外部股东缺乏话语权和影响力，不足以对抗控股股东的权力优势。为此，保障外部股东充分的信息权利，增强治理能力是遏制控股股东利益侵占行为的重要前提。在互联网时代，随着信息渠道的日益畅通和公开维权意识的增强，外部股东能够掌握更多的信息了解和辨识控股股东对公司的资源攫取行为，也更可能借助（网络）新媒体等渠道联合其他利益相关者实现对控股股东的制衡，提高外部股东参与公司治理的有效性。

一方面，新媒体具有显著的信息传递优势，保障了外部股东对公司业务交易和经营状况的知情权。为掩盖真实的掏空意图，控股股东往往需要构造复杂的业务活动和交易安排，以隐蔽性的手段转移资产、输送资源（李星等，2020）。公司业务和财务的复杂性增加了外部股东监督控股股东决策的成本。通过传统信息渠道（如年度报告、定期公告），投资者仅能被动地获取有限的、滞后的信息，不利于实现对掏空的识别和治理。新媒体环境下，外部投资者拥有与上市公司信息互动的新渠道，提升了公司信息透明度（Blankespoor et al.，2014）。因此，投资者可以更加充分地掌握公司经营管理的各项细节，全面、及时地了解业务活动和交易安排的最新动态，进而缩减控股股东实施利益侵占的机会和空间。

另一方面，投资者通过新媒体渠道公开发声维权，对公司施加舆论压力，有效地约束控股股东的利益侵占决策。Zhou 等（2021）研究发现，公司发布违规公告后，新媒体平台中投资者注意力的增加对公司声誉产生了舆论压力，迫使公司更快地采取措施纠正违规行为。对于新媒体下的信息互动，面对投资者不定时、持续性的质询，上市公司需要随时提供业务交易的有关信息，并回应其利益诉求，此时控股股东受到投资者的密切关注，面临较大的舆论压力，较难持续地、隐蔽地进行交易安排掩盖其资源掏空意图。同时，新媒体中，用户的心理行为表现出认知趋近和情绪叠加等“群体趋同”效应（Anderson et al.，2003；金德环和李岩，2017）。投资者的质询会迅速引起其他投资者的关注，以及新闻媒体等治理角色的跟进，从而产生更强的社会舆论效果（江轩宇等，2021），威慑控股股东减少资源攫取等违规行为。更重要的是，通过新媒体信息互动，监管机构可以了解市场参与者反映的问题，有针对性地提取监管线索，对信息互动过程中暴露的公司治理薄弱环节及时跟进监管，提高了内部人的违规成本。为避免不当行为被进一步揭发，降低被监管处罚的概率，控股股东会理性地减少对公司和中小股东的利益侵占。综上，新媒体环境下的信息互动能够发挥治理效应，引发舆论压力，提高监管效能，进而抑制控股股东的掏空行为。据此，本书提出如下假设：

假设 6-2：新媒体环境下信息互动水平越高，控股股东掏空的程度越低。

二、研究设计

（一）样本选择与数据来源

本书以中国沪深A股上市公司为研究样本。数据来源方面，信息互动数据来源于“互动易”和“e互动”平台的“问答”板块，涵盖自平台运行之初（“互动易”：2010年；“e互动”：2013年）至2020年12月31日上市公司与投资者的问答数据。具体地，本书使用Python2.7软件抓取和存储了研究期间投资者与上市公司的所有互动问答及其具体时间。对于投资者提问类型的区分，本书基于百度Senta平台，采用机器学习法进行文本情绪分析，判定投资者提问的情感极性类别，具体操作步骤后文将详细说明。市场化指数取自《中国分省份市场化指数报告》，监管问询数据来源于CNRDS数据库，其他数据来源于CSMAR数据库。在初始数据的基础上，本书剔除金融类公司样本、ST和*ST公司以及所需数据缺失或异常的样本，最终得到27931个公司-年度样本。为降低极端异常值对研究结果的影响，对除虚拟变量外的所有变量在1%和99%分位上进行缩尾处理。本书使用的数据处理软件为Stata 15.0。

（二）变量定义

1. 控股股东掏空（*Tunnel*）

上市公司中控股股东的掏空行为具有很强的隐蔽性，难以准确识别和量化。较早的文献中采用非经营性收入和非经营性损失、控制权与现金流权分离度等变量来侧面反映控股股东的掏空意图。然而，这些间接的衡量方法存在较大的噪声干扰，不足以准确地刻画控股股东的掏空程度。在我国上市公司股权集中度普遍偏高的制度背景下，大股东利益侵占的现象普遍存在，众多文献对如何量化这一行为进行研究。为防止控股股东掏空对上市公司和中小股东严重的利益侵害行为，我国证券监管机构也对控股股东的掏空行为予以管制，并公开列举了控股股东掏空公司的常见形式，包括资金占用、关联交易等。Jiang等（2010）发现，控股股东普遍通过占用上市公司非经营性资金来掏空上市公司。据此，本书将控股股东的资金占用水平作为掏空的代理变量，计算方法为其他应收款占总资产的比例，由于因变量取值接近，将其扩大100倍。这一衡量方法在大量的中外权威文献中广泛使用，并被证实能够较为准确地测度控股股东的掏空行为（Wang and Xiao，2011；郑国坚等，2013）。

2. 信息互动水平（*Interact*）

在互动平台中，投资者的提问和公司的答复均涉及公司治理相关信息。例如，2021 年 8 月 10 日，某投资者提问中天科技（600522）在高通业务上，大股东中天科技是否有故意掏空上市公司的行为。中天科技管理层回应对“董监高、控股股东及关联方进行严格的自律核查，与合作方不存在关联关系”，并承诺积极处理重大风险事项，核实业务实际情况和风险敞口，全力维护上市公司及广大股东的利益。本书将平台中投资者提问和上市公司答复数量总和加 1 取自然对数作为信息互动水平（*Interact*）的代理变量。此外，本书发现，新媒体平台中存在少量公司答复没有释放任何增量信息，对于投资者而言不具有决策有用性，如上市公司仅回复“谢谢关注”“感谢您的关注”“请查看公司年报”等非实质性内容。为了消除此类低质量答复的干扰，本书将这类答复视为无效答复，不纳入上市公司答复总数的计算过程。为了更加细致地观测信息互动，本书采用机器学习法对投资者的提问进行文本情绪分析，将投资者提问区分为消极和积极两种类型，进行异质性研究，具体方法步骤将在后文详细说明。

3. 控制变量

参考权威文献的做法（叶康涛等，2007；Jiang et al.，2015），本书控制了其他可能影响控股股东掏空和利益侵占行为的因素，包括公司基本特征和公司治理因素，同时控制了行业（*Ind*）和年度（*Year*）固定效应。具体的变量定义如表 6-13 所示。

表 6-13 变量定义

变量类型	变量名称	变量符号	变量定义
被解释变量	控股股东掏空	*Tunnel*	其他应收款/总资产×100
解释变量	信息互动水平	*Interact*	深圳证券交易所“互动易”和上海证券交易所“e 互动”平台中投资者提问数量和上市公司有效答复数量之和加 1 取自然对数

续表

变量类型	变量名称	变量符号	变量定义
控制变量	资产规模	*Size*	总资产取自然对数
	资产负债率	*Lev*	负债总额/总资产×100%
	现金资产比例	*Cash*	现金及现金等价物金额/总资产×100%
	账面市值比	*Bm*	资产的账面价值/市值×100%
	股权集中度	*Fsh*	第一大股东的持股数量/总股数×100%
	产权性质	*Soe*	虚拟变量，实际控制人为国有企业则为1，否则为0
	独立董事比例	*Outdir*	独立董事人数/董事会人数×100%
	四大审计	*Big4*	虚拟变量，若审计机构为四大会计师事务所取值为1，否则取值0
	行业	*Ind*	按照证监会《上市公司行业分类指引》（2012）设置行业虚拟变量
	年份	*Year*	年份虚拟变量

（三）模型构建

为探究新媒体环境下的信息互动能否抑制控股股东的掏空行为，本书采用模型（6-3）进行实证检验：

$$Tunnel_{i,t} = \alpha_0 + \alpha_1 Interact_{i,t} + \alpha_2 Controls_{i,t} + \sum Ind + \sum Year + \varepsilon_{i,t} \tag{6-3}$$

式中，$Tunnel_{i,t}$表示公司 i 在 t 期控股股东掏空程度，$Interact_{i,t}$表示公司 i 第 t 期在新媒体平台中与投资者信息互动的水平，$Controls_{i,t}$表示控制变量。本书的核心参数 α_1 表示信息互动对控股股东掏空的作用效果，如果信息互动能够抑制控股股东的掏空行为，则预期 α_1 显著为负。

三、实证结果

（一）描述性统计

表6-14 列示了主要变量的描述性统计。控股股东掏空变量 *Tunnel* 的均值为1.625，标准差为2.637，最大值和最小值分别为16.813 和0.014，说明样本公司其他应收款占总资产的比例平均为1.625%，控股股东资金占用率最高达16.813%，最低为0.014%，表明我国上市公司面临不同程度的控股股东资

金占用问题和掏空困境。信息互动变量 *Interact* 的均值为 4.527，标准差为 1.619，最大值和最小值分别为 7.495 和 0.000，表明样本公司平均每年通过新媒体渠道与投资者互动沟通 91.481 次，其中频次最高达 1798.025 次，同时仍有部分公司没有利用新媒体途径与投资者开展任何交流。以上结果说明，我国上市公司逐渐重视利用新兴信息媒介与市场及投资者互动沟通，提高信息透明度，但互动程度存在较大差异，为本书提供了很好的研究样本。

表 6-14 描述性统计

变量	样本量	均值	中位值	标准差	最大值	最小值
Tunnel	27931	1.625	0.741	2.637	16.813	0.014
Interact	27931	4.527	4.796	1.619	7.495	0.000
Size	27931	22.077	21.898	1.292	26.064	19.614
Lev	27931	0.417	0.403	0.214	0.947	0.048
Cash	27931	0.193	0.151	0.143	0.695	0.014
Bm	27931	0.614	0.616	0.247	1.164	0.102
Fsh	27931	0.345	0.323	0.146	0.743	0.093
Soe	27931	0.329	0.000	0.470	1.000	0.000
Outdir	27931	0.376	0.364	0.053	0.571	0.333
Big4	27931	0.052	0.000	0.221	1.000	0.000

主要控制变量 *Size* 的均值为 22.077，标准差为 1.292。*Lev* 的均值为 0.417，标准差为 0.214，表明样本公司平均资产负债率约为 41.7%，且样本间存在一定的差异。*Cash* 的均值为 0.193，标准差为 0.143，表明现金资产占总资产的比例平均为 19.3%。*Fsh* 的均值为 0.345，标准差为 0.146，最大值和最小值分别为 0.743 和 0.093，表明中国上市公司的股权集中程度较高，呈现一股独大的现象，与 Jiang 等（2010）的观点相一致。*Soe* 的均值为 0.329，表明有 32.9%的样本是国有企业。*Outdir* 的均值为 0.376，标准差为 0.053，表明样本公司中独立董事占董事会总人数的比例平均为 37.6%，董事会在形式上具有一定的独立性，且样本间不存在较大差异。*Big4* 变量的均值为 0.052，表明只有约 5.2%的样本是由四大会计师事务所审计的。整体上，以上控制变量的分布情况与前人研究一致。

（二）相关性分析

表6-15列示了主要变量的Pearson相关系数。*Tunnel*与*Interact*之间的相关系数为-0.008，在统计上不显著，需要控制其他因素的影响进行回归分析。*Tunnel*与*Cash*、*Fsh*、*Soe*等变量之间的相关系数显著为负，初步表明在不考虑其他因素影响时，控股股东掏空水平与公司的现金资产比例、股权集中度（第一大股东持股比例）、产权性质呈负相关。*Tunnel*与*Size*、*Lev*、*Outdir*等变量之间的相关系数显著为正，初步表明在不考虑其他因素影响时，控股股东掏空与公司的资产规模、资产负债率、独立董事比例呈正相关。而*Tunnel*与*Bm*、*Big*4之间没有表现出显著的相关性，变量之间的关系需进一步地实证检验。此外，控制变量之间的相关系数不超过0.6，进一步VIF检验表明模型不存在严重的多重共线性问题。由于相关系数矩阵只检验了变量两两之间的相关性，本书后续将在考虑其他因素的影响后，对变量之间的关系进行更为严格的回归分析。

表6-15　相关性分析

变量	*Tunnel*	*Interact*	*Size*	*Lev*	*Cash*	*Bm*	*Fsh*
Tunnel	1						
Interact	-0.008	1					
Size	0.026***	0.022***	1				
Lev	0.199***	-0.103***	0.487***	1			
Cash	-0.094***	-0.027***	-0.268***	-0.403***	1		
Bm	0.005	-0.116***	0.561***	0.314***	-0.159***	1	
Fsh	-0.082***	-0.152***	0.193***	0.024***	0.045***	0.148***	1
Soe	-0.011*	-0.179***	0.368***	0.285***	-0.122***	0.213***	0.193***
Outdir	0.027***	0.033***	-0.003	-0.001	-0.002	-0.028***	0.041***
Big4	0.005	-0.052***	0.323***	0.094***	-0.039***	0.137***	0.130***
变量	*Soe*	*Outdir*	*Big4*				
Soe	1						
Outdir	-0.058***	1					
Big4	0.128***	0.023***	1				

注：模型中所有连续变量在1%和99%分位上进行了缩尾处理；***、*分别表示在1%和10%的统计水平上显著。

（三）多元回归结果

表6-16列报了新媒体环境下信息互动对控股股东掏空的回归结果。由结果可知，*Interact*的回归系数为-0.0278，且在1%的统计水平上显著（t=-2.829），表明在控制其他因素影响后，投资者与上市公司通过新媒体信息互动能够显著地制衡控股股东的利益侵占行为，遏制资源掏空现象，从而验证了研究假设6-2。对于控制变量，*Size*和*Lev*的回归系数显著为正，表明公司的资产规模越大、杠杆水平越高，控股股东资金占用的严重程度越低。*Outdir*的回归系数显著为正，本书得到了与“花瓶董事”假说相一致的结论，表明我国上市公司的独立董事无法对控股股东的掏空行为进行有效监督，这也与近年来发生的诸如康某药业等案例相吻合。*Fsh*的回归系数显著为负，表明第一大股东持股比例与其掏空程度呈负相关，这是因为第一大股东持股比例越高，其现金流权与控制权相分离的程度越低，大股东的利益与公司利益更加趋向一致，因此表现出较低的掏空意愿。*Soe*的回归系数显著为负，表明相较于非国有上市公司，国有公司的内部治理水平较高，控股股东掏空公司的程度较低，这一结果与Jiang等（2010）的研究结论相一致。*Big4*的回归系数为负但不显著，本书没有发现四大审计机构在抑制我国上市公司控股股东资金占用问题上发挥预期的作用。

表6-16 信息互动对控股股东掏空的回归结果

变量	*Tunnel*
Interact	-0.0278*** (-2.829)
Size	0.0401** (2.440)
Lev	0.1292*** (10.076)
Cash	-1.8117*** (-16.070)
Bm	-0.1895** (-2.500)
Fsh	-1.6940*** (-15.518)

续表

变量	*Tunnel*
Soe	-0.1607*** (-4.416)
Outdir	0.9166*** (3.221)
Big4	-0.0199 (-0.275)
Ind	控制
Year	控制
_*CONS*	2.1093*** (5.683)
N	27931
Adj_R^2	0.0891

注：模型中所有连续变量在1%和99%分位上进行了缩尾处理；***、**分别表示在1%、5%的统计水平上显著，括号内为 *t* 值。

四、异质性研究

同本章第一节，本书将基于异质性视角，进一步检验信息互动过程中投资者情绪倾向、公司治理环境和法律制度保护不同时，新媒体信息互动是否对控股股东掏空产生差异化的影响。

（一）投资者情绪倾向的异质性分析

本书剔除没有投资者提问的公司-年度样本，根据投资者负面提问总数的中位值，将样本分为负面情绪较高（*High-neg*）和负面情绪较低（*Low-neg*）两组子样本，分组回归结果见表6-17。对于投资者负面情绪较高的样本，第（1）列中 *Interact* 的回归系数为-0.1030，且在1%的水平上显著。对于投资者负面情绪较低的样本，第（2）列显示 *Interact* 的回归系数为-0.0516，在5%的水平上显著，且绝对值小于第（1）列。进一步的组间系数差异检验表明，两组样本 *Interact* 的回归系数在统计上存在显著差异（$p=0.0840$）。以上结果表明，新媒体信息互动的过程中，投资者的情绪倾向越负面，给控股股东决策带来的舆论压力和监管风险越大，抑制控股股东资金占用的效果就越显著。

表 6-17 投资者负面情绪的分组回归结果

变量	Tunnel	
	(1)	(2)
	High-neg	Low-neg
Interact	-0.1030*** (-3.104)	-0.0516** (-2.118) [p=0.0840]
Size	-0.0300 (-1.264)	0.0861*** (3.409)
Lev	1.0329*** (16.399)	0.0834*** (6.400)
Cash	-1.3831*** (-8.198)	-1.8598*** (-11.357)
Bm	0.0824 (0.760)	-0.5796*** (-4.711)
Fsh	-1.5434*** (-9.507)	-1.7777*** (-11.630)
Soe	-0.2043*** (-3.794)	-0.1659*** (-3.237)
Outdir	0.6472 (1.620)	1.4479*** (3.520)
Big4	0.0458 (0.402)	-0.0450 (-0.461)
Ind	控制	控制
Year	控制	控制
_CONS	3.5786*** (6.434)	1.3267** (2.370)
N	13423	13510
Adj_R^2	0.1078	0.0960

注：模型中所有连续变量在1%和99%分位上进行了缩尾处理；***、**分别表示在1%、5%的统计水平上显著，括号内为 t 值；方括号内为组间系数差异检验 p 统计量。

（二）公司治理环境的异质性分析

公司治理环境是基于内部治理结构和安排的正式治理机制。参考 Chen 等（2018）的研究结论，结合我国的制度背景和公司治理实践，本书以第一大股东的持股比例以及产权性质衡量公司治理环境。第一大股东持股比例较高，现金流权与控制权相分离的程度较低，大股东与公司的利益越趋于一致，削弱了对公司的掏空意图（Cheng，2008）。与非国有企业相比，国有企业治理结构更加完善，内部人利益侵占问题较少（Jiang et al.，2010）。按照中位值将全样本分为第一大股东持股比例较高（*High-Fsh*）和第一大股东持股比例较低（*Low-Fsh*）子样本，以及国有企业（*Soe*）和非国有企业（*Nsoe*）子样本进行分组回归，结果见表6-18。对于*High-Fsh*和*Soe*样本，*Interact*的回归系数均不显著，而在*Low-Fsh*和*Nsoe*样本中，*Interact*的回归系数分别在5%和1%的水平上显著为负。以上结果表明，当上市公司的治理环境较差时，基于新媒体的市场参与者信息互动机制能够补充公司正式治理机制的功能缺失，作为替代性的治理机制显著地抑制控股股东的资源攫取行为。

表6-18　治理环境的分组回归结果

变量	*Tunnel*			
	(1)	(2)	(3)	(4)
	High-Fsh	*Low-Fsh*	*Soe*	*Nsoe*
Interact	-0.0001 (-0.009)	-0.0361** (-2.335) [p=0.0808]	0.0012 (0.075)	-0.0343*** (-2.715) [p=0.0898]
Size	0.1206*** (6.178)	-0.0550** (-2.037)	0.0047 (0.170)	0.0162 (0.765)
Lev	0.0946*** (7.879)	0.3305*** (8.711)	1.5051*** (13.699)	0.1095*** (8.395)
Cash	-1.3858*** (-10.222)	-2.2967*** (-12.625)	-0.4268* (-1.857)	-2.1583*** (-16.421)
Bm	0.0928 (0.996)	-0.3813*** (-3.176)	-0.2670** (-2.040)	-0.1073 (-1.145)
Fsh			-1.3791*** (-7.657)	-1.6660*** (-12.067)
Soe	-0.2141*** (-4.774)	-0.1888*** (-3.281)		
Outdir	0.6510* (1.901)	0.7375 (1.614)	0.6952 (1.467)	0.6706* (1.892)
Big4	-0.2065*** (-2.606)	0.1176 (0.878)	0.0625 (0.659)	-0.0076 (-0.070)
Ind	控制	控制	控制	控制

续表

变量	Tunnel			
	(1)	(2)	(3)	(4)
	High-Fsh	*Low-Fsh*	*Soe*	*Nsoe*
Year	控制	控制	控制	控制
_*CONS*	-0. 5738 (-1. 279)	3. 9574*** (6. 536)	2. 9847*** (5. 127)	1. 9730*** (3. 986)
N	13912	14019	9180	18751
Adj_R^2	0. 1192	0. 0677	0. 1250	0. 0930

注：模型中所有连续变量在1%和99%分位上进行了缩尾处理；***、**、*分别表示在1%、5%和10%的统计水平上显著，括号内为 *t* 值；方括号内为组间系数差异检验 *p* 统计量。

（三）法律制度保护的异质性分析

借鉴 Wu 等（2009）的研究成果，本书以上市公司所在地级市的市场化指数及法律制度指数两项指标衡量地区投资者法律制度保护程度，即对控股股东掏空的法律监管水平。按照中位值将全样本分为市场化指数较高（*High-MI*）和市场化指数较低（*Low-MI*）子样本，以及法律制度指数较高（*High-LII*）和法律制度指数较低（*Low-LII*）子样本，分别进行分组回归。由表 6-19 可知，对于 *Low-MI* 和 *Low-LII* 样本，*Interact* 的回归系数均在 1%的水平上显著为负，而 *High-MI* 和 *High-LII* 样本中 *Interact* 的回归系数虽为负但不显著，且进一步检验显示对立样本之间 *Interact* 的回归系数存在显著差异。以上结果表明，公司所在地的法治监管水平越低，对股东权益的保护越薄弱，投资者通过新媒体平台与公司进行信息互动抑制控股股东掏空的作用越显著。因此，新媒体信息互动可视为正式监管机制外的一种有效的替代性外部治理机制。

表 6-19　法律制度保护的分组回归结果

变量	Tunnel			
	(1)	(2)	(3)	(4)
	High-MI	*Low-MI*	*High-LII*	*Low-LII*
Interact	-0. 0048 (-0. 300)	-0. 0524*** (-3. 724) [*p*=0. 0315]	-0. 0091 (-0. 592)	-0. 0507*** (-3. 512) [*p*=0. 0580]

续表

变量	*Tunnel*			
	(1)	(2)	(3)	(4)
	High-MI	*Low-MI*	*High-LII*	*Low-LII*
Size	0. 0152 (0. 603)	0. 0314 (1. 210)	0. 0166 (0. 672)	0. 0320 (1. 207)
Lev	1. 6920*** (15. 748)	0. 2520*** (7. 758)	1. 6672*** (15. 725)	0. 2539*** (7. 717)
Cash	-0. 9675*** (-5. 454)	-1. 8374*** (-10. 982)	-0. 9178*** (-5. 421)	-1. 8573*** (-10. 705)
Bm	-0. 0089 (-0. 078)	-0. 6794*** (-5. 724)	-0. 0062 (-0. 056)	-0. 6648*** (-5. 478)
Fsh	-1. 2304*** (-7. 688)	-1. 8607*** (-11. 136)	-1. 2364*** (-7. 853)	-1. 8534*** (-10. 919)
Soe	-0. 1973*** (-3. 314)	-0. 2375*** (-4. 493)	-0. 2067*** (-3. 532)	-0. 2424*** (-4. 510)
Outdir	0. 8579** (2. 081)	1. 1718*** (2. 638)	1. 0547*** (2. 606)	0. 9778** (2. 163)
Big4	0. 0856 (0. 863)	-0. 0669 (-0. 523)	0. 0907 (0. 927)	-0. 0682 (-0. 526)
Ind	控制	控制	控制	控制
Year	控制	控制	控制	控制
_CONS	2. 1807*** (3. 511)	2. 4462*** (4. 311)	2. 2949*** (3. 709)	2. 4836*** (4. 298)
N	11916	12125	12098	11943
Adj_R^2	0. 1107	0. 0960	0. 1114	0. 0950

注：模型中所有连续变量在1%和99%分位上进行了缩尾处理；***、**分别表示在1%、5%的统计水平上显著，括号内为t值；方括号内为组间系数差异检验p统计量。

五、作用机制研究

上文验证了新媒体环境下的信息互动能够抑制控股股东的掏空行为，本书将进一步检验其中的作用机制，深入揭示其内在机理。如前所述，本书主要从舆论压力机制、联动监管机制两个方面，检验引起媒体负面关注、招致监管机构问询两种可能的作用路径。

（一）舆论压力机制：引起媒体负面关注

在“互动易”和“e互动”等新媒体平台中，投资者对上市公司内部治理表现出高度的关注，不乏投资者对违规担保、资金占用、关联交易等可能存在控股股东资源攫取风险的事项进行控诉谴责。基于新媒体渠道，互动信息会飞速而广泛地传递到整个资本市场，引发新闻媒体等市场参与者的负面关注，对控股股东及关联方产生较大的舆论压力，从而对公司及内部人决策施加外部监督。在已有文献中，学者们广泛认可了媒体参与公司治理，抑制内部人机会主义行为的积极作用（于忠泊等，2011；权小锋和吴世农，2012）。基于此，本书认为新媒体中的信息互动扩大了投资者的声音和影响力，通过舆论压力机制，引起媒体负面关注，进而对控股股东掏空行为发挥治理有效性。

本书样本公司相关的新闻媒体负面报道数量加1取自然对数作为媒体负面关注的代理变量（*Media*），采用逐步回归法进行中介效应检验，结果见表6-20。第一步以 *Tunnel* 为被解释变量，以 *Interact* 为解释变量，结果同表6-16，*Interact* 的回归系数显著为负；第二步以 *Media* 为被解释变量，以 *Interact* 为解释变量，*Interact* 的系数显著为正，表明新媒体信息互动与新闻媒体负面报道数量呈正相关；第三步以 *Tunnel* 为被解释变量，同时加入解释变量 *Interact* 和中介变量 *Media*，*Interact* 和 *Media* 的回归系数均在1%的水平上显著，且 *Interact* 系数的绝对值较第（1）列有所降低，表明 *Media* 是 *Interact* 与 *Tunnel* 之间的不完全中介变量。上述结果表明，新媒体环境下投资者与上市公司的信息互动通过舆论压力机制，引发媒体对公司的负面报道，强化外部监督治理，进而抑制控股股东的资源攫取行为。

表6-20 媒体负面关注的机制检验结果

变量	(1)	(2)	(3)
	Tunnel	*Media*	*Tunnel*
Interact	-0.0278*** (-2.829)	0.0247*** (6.909)	-0.0252** (-2.393)
Media			-0.1656*** (-9.375)

续表

变量	(1)	(2)	(3)
	Tunnel	*Media*	*Tunnel*
Size	0.0401** (2.440)	0.4057*** (66.469)	−0.0197 (−1.056)
Lev	0.1292*** (10.076)	0.2734*** (8.893)	0.1275*** (9.965)
Cash	−1.8117*** (−16.070)	0.2297*** (5.547)	−1.8087*** (−15.619)
Bm	−0.1895** (−2.500)	−0.8876*** (−31.073)	−0.1771** (−2.064)
Fsh	−1.6940*** (−15.518)	0.0285 (0.767)	−1.6707*** (−15.286)
Soe	−0.1607*** (−4.416)	−0.0292** (−2.348)	−0.1504*** (−4.122)
Outdir	0.9166*** (3.221)	0.5637*** (5.853)	0.7795*** (2.739)
Big4	−0.0199 (−0.275)	0.3328*** (13.524)	−0.0775 (−1.066)
Ind	控制	控制	控制
Year	控制	控制	控制
_*CONS*	2.1093*** (5.683)	−6.6054*** (−49.715)	3.1436*** (7.773)
N	27931	27931	27931
Adj_R^2	0.0891	0.3476	0.0932

注：模型中所有连续变量在1%和99%分位上进行了缩尾处理；***、**分别表示在1%、5%的统计水平上显著，括号内为 *t* 值。

（二）联动监管机制：招致监管机构问询

为检验联动监管机制，本书以上市公司受到交易所问询的次数加 1 取自然对数作为监管机构问询的代理变量（*Inquiry*），逐步回归的中介效应结果见表 6-21。监管问询数据缺失导致样本量减少。第一步以 *Tunnel* 为被解释变量，以 *Interact* 为解释变量，*Interact* 的回归系数依然在 1%的水平上显著为负。第二步以 *Inquiry* 为被解释变量，以 *Interact* 为解释变量，*Interact* 的回归系数在

1%的水平上显著为正，表明新媒体环境下的信息互动显著增加了公司受到交易所等监管部门问询的数量。第三步以 *Tunnel* 为被解释变量，同时加入解释变量 *Interact* 和中介变量 *Inquiry*，结果显示，*Interact* 和 *Inquiry* 的系数均在 1% 的水平上显著，且 *Interact* 系数的绝对值较第（1）列有所降低，表明 *Inquiry* 是 *Interact* 与 *Tunnel* 之间的不完全中介变量，表明新媒体环境下投资者与上市公司信息互动发挥了联动监管作用，通过招致监管机构问询来提高控股股东的违规成本，进而约束其掏空行为。

表 6-21 监管机构问询的机制检验结果

变量	(1)	(2)	(3)
	Tunnel	*Inquiry*	*Tunnel*
Interact	-0.0375*** (-2.614)	0.0579*** (12.459)	-0.0271** (-1.961)
Inquiry			-0.6443*** (-30.542)
Size	0.2112*** (11.026)	-0.0856*** (-12.846)	0.0950*** (5.062)
Lev	0.1375*** (9.264)	1.0667*** (29.294)	0.1044*** (7.436)
Cash	-1.5651*** (-9.713)	-0.6152*** (-11.562)	-1.3705*** (-8.758)
Bm	0.0832*** (5.731)	0.0389*** (8.092)	0.0549*** (3.973)
Fsh	-1.8050*** (-12.643)	-0.6167*** (-13.578)	-1.2030*** (-8.765)
Soe	-0.1148** (-2.469)	-0.1813*** (-12.084)	-0.0914** (-2.027)
Outdir	1.8518*** (5.075)	0.6015*** (5.252)	0.7670** (2.219)
Big4	-0.0796 (-0.884)	-0.0589** (-2.079)	0.0083 (0.097)
Ind	控制	控制	控制
Year	控制	控制	控制

续表

变量	(1)	(2)	(3)
	Tunnel	*Inquiry*	*Tunnel*
_*CONS*	-2.8509*** (-6.306)	1.5888*** (9.936)	0.3097 (0.664)
N	19319	19319	19319
Adj_R^2	0.0269	0.1221	0.1353

注：模型中所有连续变量在1%和99%分位上进行了缩尾处理；***、**分别表示在1%、5%的统计水平上显著，括号内为t值。

六、拓展性分析

绩效是衡量组织目标实现程度的最终标准。做优做强上市公司，强化上市公司竞争优势，提高上市公司质量，是实现资本市场可持续健康发展的必然要求。那么，信息互动在发挥治理效应的同时，能否进一步提高公司的经营绩效？新兴市场面临制度、法律环境和治理机制等多方面因素制约，委托代理问题普遍存在，降低了经营效率，有损公司绩效（李维安等，2010）。已有研究大多将公司治理问题与企业绩效相关联。基于数字技术和互联网技术的新媒体构建了高效的信息传播网络，创新了外部利益相关者在公司治理中的参与机制。通过新媒体，投资者与上市公司的信息互动发挥治理效应，约束了管理层、控股股东的机会主义行为，进而对提升公司绩效发挥积极作用（姜付秀等，2015）。基于此，本书进一步探究信息互动是否有助于上市公司短期和长期绩效表现，进而拓展治理效应的研究。

借鉴罗党论和刘晓龙（2009）的研究，本书以总资产收益率（*Roa*）衡量公司绩效，等于当期净利润与总资产的比值，并以托宾Q（*Tobinq*）衡量长期绩效（王雪莉等，2013）。参考姜付秀等（2015）的研究结论，本书控制了相关变量以及行业（*Ind*）和年度（*Year*）固定效应，回归结果见表6-22。第（1）列以总资产收益率为被解释变量，*Interact* 的回归系数在5%的统计水平上显著为正，信息互动与短期绩效呈正相关；第（2）列以托宾Q为被解释变量，*Interact* 的回归系数在1%的水平上显著为正，表明信息互动与长期绩效呈正相关。综合上述结果，在控制其他因素影响后，新媒体环境下的信息互动能够提高公司的短期和长期绩效。

表 6-22　信息互动对公司绩效的回归结果

变量	(1)	(2)
	Roa	*Tobinq*
Interact	0.0006** (2.216)	0.0155*** (2.803)
Size	0.0137*** (37.166)	-0.5210*** (-67.726)
Lev	-0.1611*** (-75.690)	0.0320 (0.721)
Growth	0.0319*** (40.329)	0.1261*** (7.658)
Dual	0.0019** (2.134)	-0.0475*** (-2.591)
Fsh	0.0537*** (19.680)	-0.1914*** (-3.371)
Soe	-0.0057*** (-6.211)	0.1189*** (6.180)
Outdir	-0.0347*** (-4.866)	1.1223*** (7.548)
Ind	控制	控制
Year	控制	控制
_CONS	-0.1922*** (-22.408)	13.4348*** (75.221)
N	25640	25640
Adj_R^2	0.2725	0.2944

注：模型中所有连续变量在1%和99%分位上进行了缩尾处理；***、**分别表示在1%、5%的统计水平上显著，括号内为 t 值。

七、稳健性检验

（一）改变核心变量衡量方法

对于解释变量，相较于上市公司的答复，投资者的问询更具有威慑力，为防止仅将问答互动总数作为解释变量造成结果偏差，本书又以投资者提问数量（*Interact_Q*）作为解释变量进行稳健性检验。表 6-23 显示，*Interact_Q* 的回归系数在 5%的水平上显著为负，表明本书结论稳健。

表 6-23　改变核心变量衡量方法的回归结果

变量	*Tunnel*
Interact_Q	-0.0229** (-2.146)
Size	0.0385** (2.337)
Lev	0.1295*** (10.097)
Cash	-1.8092*** (-16.046)
Bm	-0.1845** (-2.429)
Fsh	-1.6876*** (-15.444)
Soe	-0.1567*** (-4.306)
Outdir	0.9134*** (3.210)
Big4	-0.0169 (-0.232)
Ind	控制
Year	控制
_CONS	2.1023*** (5.657)
N	27931
Adj_R^2	0.0889

注：模型中所有连续变量在 1%和 99%分位上进行了缩尾处理；***、**分别表示在 1%、5%的统计水平上显著，括号内为 t 值。

（二）改变被解释变量衡量方法

自 2003 年起，我国证监会重点强化对上市公司控股股东及其关联方资金占用问题的监管，并出台《会计监管风险提示第 9 号——上市公司控股股东资金占用及其审计》等相关文件指引。周泽将和高雅（2019）认为，在证监会的严格监管之下，控股股东以掏空为目的的资金占用行为受到一定程度的遏制，转而以关联交易的方式转移公司资源。借鉴 Cheung 等（2009）的研究成果，本书使用以下替代变量进行稳健性检验：①剔除关联交易中存在噪声的类别（合作项目、许可协议、研究与开发成果、关键管理人员报酬以及其他事项等并非以获取私利为目的而发生的关联交易）后的关联交易金额之和与营业收入之比值，记为 *Rpt_A*；②剔除关联交易中存在噪声的类别（包括合作项目、许可协议、研究与开发成果、关键管理人员报酬以及其他事项等并非以获取私利为目的而发生的关联交易）后的关联交易次数加 1 取自然对数，记为 *Rpt_B*。

表 6-24 第（1）列以 *Rpt_A* 为被解释变量，*Interact* 的回归系数在 1%的统计水平上显著为负，表明信息互动与关联交易的规模呈负相关。第（2）列以 *Rpt_B* 为被解释变量，*Interact* 的回归系数依然在 1%的水平上显著为负，表明信息互动与关联交易的次数呈负相关。以上结果表明，新媒体环境下信息互动能够减少控股股东以掏空为目的的关联交易活动，再次验证了研究假设。

表 6-24 改变被解释变量衡量方法的回归结果

变量	(1)	(2)
	Rpt_A	*Rpt_B*
Interact	-0.0265*** (-4.190)	-0.0984*** (-4.610)
Size	0.0250** (2.427)	1.8337*** (52.644)
Lev	0.0502*** (6.524)	0.0711*** (2.734)
Cash	-1.1386*** (-16.358)	-7.5817*** (-32.225)

续表

变量	(1)	(2)
	Rpt_A	*Rpt_B*
Bm	-0.0623 (-1.229)	-0.7284*** (-4.249)
Fsh	-0.4959*** (-7.547)	-0.3301 (-1.486)
Soe	-0.0483** (-2.203)	0.9360*** (12.626)
Outdir	0.3172* (1.856)	-1.7460*** (-3.022)
Big4	-0.3052*** (-7.000)	-0.6960*** (-4.722)
Ind	控制	控制
Year	控制	控制
_CONS	0.5433** (2.341)	-18.5554*** (-23.651)
N	27931	27931
Adj_R^2	0.1189	0.2726

注：模型中所有连续变量在1%和99%分位上进行了缩尾处理；***、**、*分别表示在1%、5%和10%的统计水平上显著，括号内为 t 值。

（三）内生性检验：Lead-Lag Change 检验

本书可能存在反向因果等内生性问题，即由于上市公司治理水平较高，控股股东掏空程度较低，投资者在新媒体中对此类公司表现出更高的关注度。为此，借鉴 Chen 等（2018）的做法，本书运用 Lead-Lag Change 方法，将模型（6-3）中除虚拟变量外的所有连续变量构造差分项，并将解释变量滞后一期，如模型（6-4）所示。

$$\Delta Tunnel_{i,t} = \alpha_0 + \alpha_1 \Delta Interact_{i,t-1} + \alpha_2 \Delta Controls_{i,t} + \sum Ind + \sum Year + \varepsilon_{i,t} \tag{6-4}$$

式中，$\Delta Tunnel_{i,t}$为公司 i 在 t 期控股股东掏空指标与 $t-1$ 期控股股东掏空指标的差值，$\Delta Interact_{i,t-1}$为公司 i 在 $t-1$ 期的信息互动水平与 $t-2$ 期的差值，回归结果见表 6-25。$\Delta Interact$ 在 5%的统计水平上显著为负，表明在使用

Lead-Lag Change 方法解决内生性问题后，本书结论不变。

表 6-25 Lead-Lag Change 检验的回归结果

变量	$\Delta Tunnel$
$\Delta Interact$	-0.0354** (-2.401)
$\Delta Size$	0.0552 (0.863)
ΔLev	0.2145*** (7.171)
$\Delta Cash$	-0.0373 (-0.206)
ΔBm	0.1148 (0.806)
ΔFsh	-1.1558*** (-3.048)
Soe	-0.0865** (-2.361)
$\Delta Outdir$	0.0563 (0.124)
*Big*4	-0.0377 (-0.510)
Ind	控制
Year	控制
_CONS	0.1746 (1.166)
N	19123
Adj_R^2	0.0072

注：模型中所有连续变量在1%和99%分位上进行了缩尾处理；***、**分别表示在1%、5%的统计水平上显著，括号内为 *t* 值。

（四）内生性检验：工具变量法

除 Lead-Lag Change 检验外，本书还使用工具变量的两阶段最小二乘回归进一步解决互为因果导致的潜在内生性问题。在外生变量的选择上，借鉴 Jiang 和 Yuan（2018）、于忠泊等（2011）的做法，本书将同行业内其他上市公司在"互动易"和"e互动"平台中与投资者互动的平均数量（*Ind_interact*）以及非流通股比例（*Nsh*）作为工具变量。表6-26列示了工具变量法的回归结果。Sargan检验中 p 大于0.1的临界值，接受工具变量均为外生的假设，表明本书在工具变量的选择上不存在过度识别问题。信息互动变量 *Interact* 的系数依然在1%的水平上显著为负，表明在利用工具变量法解决内生性问题后，研究假设依然得到验证。

表6-26 工具变量法的回归结果

变量	(1)	(2)
	Interact	*Tunnel*
Ind_Interact	0.8932*** (63.995)	
Nsh	0.3124*** (8.371)	
Interact		-0.0999*** (-2.620)
Size	0.2330*** (24.169)	0.1022*** (3.975)
Lev	-0.0220*** (-3.024)	0.0711*** (3.946)
Cash	0.1700** (2.541)	-1.2701*** (-7.804)
Bm	-0.7238*** (-15.965)	-0.8657*** (-7.658)
Fsh	-1.2865*** (-20.431)	-1.3893*** (-8.665)
Soe	-0.4550*** (-21.164)	-0.4135*** (-7.529)
Outdir	0.3736** (2.312)	0.8931** (2.245)
Big4	-0.3777*** (-9.152)	0.1090 (1.061)
Ind	控制	控制
Year	控制	控制

续表

变量	(1)	(2)
	Interact	*Tunnel*
_*CONS*	-3.8248*** (-17.469)	1.7376*** (3.318)
N	27924	27924
Sargan 检验	p=0.2138	

注：模型中所有连续变量在1%和99%分位上进行了缩尾处理；***、**分别表示在1%、5%的统计水平上显著，括号内为 *t/z* 值。

第三节 本章小结

网络新媒体增强了外部股东充分的信息知情权和公司治理参与权，通过构成舆论压力，产生监管联动，成为影响公司决策的重要治理机制。本章基于治理效应，重点探究新媒体环境下的信息互动对内部人机会主义行为的治理作用。具体而言，第一节主要检验信息互动能否抑制管理层在职消费，从信息互动过程中投资者的情绪倾向、公司治理环境、法律制度保护等方面进行异质性分析，并进一步研究其中的作用机制；第二节主要检验信息互动对控股股东掏空行为的影响，从投资者情绪倾向、公司治理环境、法律制度保护等方面进行异质性研究，分析检验其中的作用机制，并进一步拓展信息互动对公司绩效的影响。为保证研究结论可靠，本书通过改变核心变量测度方法进行稳健性检验，并采用 Leag-Lag Change 检验、工具变量法解决潜在的内生性问题。

本章得到以下研究结论：①新媒体环境下投资者与上市公司信息互动水平越高，管理层在职消费水平越低，表明信息互动能够发挥治理效应，抑制管理层对公司和股东的利益侵占；②区分投资者提问的类型，信息互动过程中投资者提问的情感语调越负面，信息互动对管理层在职消费的抑制作用越显著；③公司治理环境越差、地区法律制度保护越薄弱，信息互动对管理层在职消费的抑制作用越显著，表明新媒体信息互动是一种替代性的治理机制，能够弥补正式治理机制的监督功能缺位；④作用机制检验表明，信息互动能够发挥舆论压力机制和联动监管机制作用，通过引发媒体负面关注、招致监管机构问询来约束管理层的利益侵占；⑤新媒体环境下投资者与上市公司信息互动水平越高，控股股东掏空程度越低；⑥异质性视角下，互动过程中投资者情绪倾向越负面、公司治理环境越差、地区法律制度保护越薄弱，信息互动的掏空治理作用越强；⑦信息互动通过舆论压力机制和联动监管机制发挥治理效应，即引发媒体负面关注、招致监管机构问询是信息互动抑制控股股东掏空行为的作用渠道；⑧进一步检验发现，信息互动还显著地提高了公司绩效，短期绩效和长期绩效均有较好的表现。

第七章

结 论

第一节　研究结论

基于现代信息技术重塑我国资本市场信息机制和治理机制的现实背景，借助深圳证券交易所“互动易”和上海证券交易所“e 互动”网络新媒体平台的独特实验场景，本书以中国沪深 A 股上市公司为研究样本，系统探究了新媒体环境下信息互动的影响因素和经济后果。本书的主要研究工作及结论如下：

第一，从信息需求和信息供给的双重视角，探讨了新媒体环境下信息互动的影响因素。首先，以投资者的信息需求为切入点，检验定期披露信息含量对信息互动的驱动作用。研究发现，上市公司定期披露的信息含量越低，即文本可读性越低、相似性越高，投资者为满足决策需求，会通过新媒体渠道与上市公司进行更多的信息互动，表明信息使用者将新媒体渠道视为获取市场信息的补充机制；当公司业绩波动性较高、投资者替代性信息来源较少时，投资者更加依赖新媒体信息机制，定期披露信息含量与信息互动之间的关系更显著。其次，以上市公司信息供给为切入点，探究了董秘信息提供能力对信息互动效率的影响。研究发现，董秘信息提供能力越强，信息互动效率越高，表现为互动答复率越高、互动时效性越强、互动充分性越高；公司的融资需求越大，董秘信息提供能力对互动答复率的作用越显著，但对互动时效性和互动充分性没有产生差异化影响；盈余消息越负面，上市公司与投资者信息沟通意愿越强，董秘信息提供能力对互动答复率和充分性的作用越显著，但对互动时效性依然没有产生差异化影响。

第二，提出新媒体的信息效应，探讨了新媒体环境下信息互动在提升市场信息效率方面的有效性。首先，检验新媒体环境下的信息互动能否抑制盈余公告后价格漂移现象。研究发现，信息互动水平越高，盈余公告后价格漂移的程度越低，并且这一作用效果在信息互动效率较高的样本中更显著，表明信息互动提高了投资者的信息能力，促进了市场对未预期盈余的充分反应；公司的信息环境越好，即分析师关注度越高、媒体关注度越高、机构投资者持股比例越高，信息互动对盈余公告后价格漂移的抑制作用越显著。其次，检验新媒体环境下信息互动对股价信息含量的影响及机理。研究发现，信息互动提高了股价信息含量，促使股价包含更多公司层面的特质信息量；同样地，这一作用效果在信息互动效率较高的样本中更显著；公司的信息环境越好，信息互动提高股价信息含量的作用越强；作用机制分析表明，新媒体信息互动通过信息传递机制，增强了股票的流动性，缓解了信息不对称问题，进而提高了股价信息含量。

第三，提出新媒体的治理效应，探讨了新媒体环境下信息互动行为在约束内部人行为决策上的治理有效性及内在机制。首先，检验了信息互动对第一类代理问题的治理作用。研究发现，信息互动水平越高，管理层在职消费水平越低，并且这一治理作用在投资者提问的负面情绪越高的情况下越显著；公司治理环境越差，即第一大股东持股比例越低或产权性质为非国有时，信息互动抑制管理层在职消费的作用越显著；地区投资者法律制度保护越薄弱，信息互动对管理层利益侵占的治理效果越显著；作用机制检验表明，信息互动通过舆论压力机制、联动监管机制发挥治理效应，即引发媒体负面关注、招致监管机构问询，进而抑制管理层的机会主义行为。其次，检验了信息互动对第二类代理冲突的治理效果。研究发现，信息互动水平越高，控股股东掏空程度越低，且这一作用在投资者提问的情绪倾向更加负面的情况下更显著；公司治理环境越差、地区投资者保护水平越低，信息互动水平约束控股股东资源攫取行为的作用越显著；同样地，信息互动通过舆论压力机制和联动监管机制，引发媒体负面关注和招致监管机构问询，进而发挥掏空治理作用。新媒体的治理效应进一步延伸到绩效作用，信息互动水平越高，公司短期绩效和长期绩效越好。

第二节 研究启示

一、投资者层面的研究启示

本书以新媒体时代下资本市场信息传播的互动式变革为背景，研究发现投资者与上市公司的新媒体信息互动在提升资本市场信息效率、监督内部人行为决策等方面发挥显著的有效性。对于投资者而言，本书提供了以下启示和建议：

第一，运用新兴媒介提升信息能力，提升投资决策水平。在传统的披露方式下，非专业投资者处于劣势信息地位，信息知情权难以得到保障，仅能获得有限的信息依据，导致非理性决策。在信息时代，互联网、大数据等技术支撑下，新媒体等新兴信息媒介涌现，改变了信息内容的生产、披露和传播方式。投资者应当积极主动地运用新的媒介形式与信息供给方有效沟通，提高信息获取和处理能力，集合群体智慧提升投资经验和价值认知能力，科学理性地进行投资决策。

第二，借助新兴渠道增强治理能力，保护自身合法权益。不具有控制权的外部股东可利用互动平台、股吧论坛等新媒体渠道获得质询权，通过积极“发声”参与公司治理。投资者应当充分发挥新媒体平台的治理作用，全面了解公司和市场信息，积极反映公司治理问题，伸张利益诉求，与其他投资者、媒体、监管机构等各类市场主体形成利益联盟，制约管理层、大股东的机会主义行为，优化公司的行为决策，有效维护自身的合法权益不受侵害。

二、公司层面的研究启示

对于上市公司而言，本书提供了以下研究启示和对策建议：

第一，与投资者保持有效沟通和良性互动，改善公司信息环境。新兴媒介的应用使上市公司可以前瞻性地进行投资者关系管理，引导市场对企业价值的合理预期。公司管理层应当重视借助现代信息技术手段，探索使用与投资者、分析师、社会公众等外部主体有效的沟通方式，畅通与外部主体尤其是投资者的信息交互渠道，消除公司与其他市场参与者之间的信息壁垒，向市场投资者更高效、更直接地传递公司盈利能力、发展潜力和投资价值相关信息。

第二，重视新媒体中投资者的利益诉求，提升公司治理质量。在外部股东话语权及参与权意识不断提升，对控股股东、管理层的监督约束逐步增强的背景下，上市公司应当关注投资者诉求，就公司经营、战略发展、资本运作等重大问题与投资者开展平等交流对话，倾听其合理化建议，通过提高和强化信息透明度和外部监督制衡，规范、提高和完善公司治理水平，保护公司及股东权益，实现高质量发展。

三、政府层面的研究启示

对于政府和监管部门而言，本书提供了以下研究启示和对策建议：

第一，利用现代技术手段拓宽信息渠道，提升市场运行效率，优化资源配置。在数字化变革的背景下，我国监管机构应当认识到新一代信息技术对资本市场信息机制改革的重要作用，创新性地建立和完善集中的信息互动平台，引导更多的市场主体及时有效、公开透明地沟通交流，保障投资者知情权、参与权等权利，引导投资者理性决策，提高市场信息效率和资源配置效率。鼓励上市公司通过新媒体渠道进行自愿性信息披露，并在上市公司信息披露考核评价中予以正确引导和积极监管。

第二，开展创新性的监管方式，提升上市公司监管有效性。监管机构应当秉承“监管与服务并重”的理念，为保障各类市场主体的知情权和参与权提供有效服务，创新性地探索市场化监管模式，通过新媒体等现代信息技术服务开拓全民监督机制。重视追踪市场及投资者关注和反映的重点问题，有选择地提取监管线索和采取监管措施，加强上市公司监管有效性，进而提升上市公司质量，实现资本市场健康发展。

第三节　研究局限与改进方向

本书的研究存在一定的局限性和不足，具体如下：

第一，本书从信息需求和信息供给的角度，以定期披露信息含量和董秘信息提供能力为切入点探究新媒体环境下信息互动的影响因素，并从信息效应、治理效应两个方面，将资本市场信息效率和内部人利益侵占行为作为切入点探究信息互动行为的经济后果，但对其他方面的动因和后果未能一一进行分析，未来研究可考虑从其他视角切入，为新媒体信息互动行为研究提供新的视角和经验证据。

第二，我国证交所特有的“互动易”和“e互动”网络平台是最具代表性的投资者与上市公司互动的新媒体平台，因此本书以此为研究场景和数据支撑，观测投资者与上市公司的信息互动关系。随着信息技术的快速发展和在资本市场的广泛应用，投资者还会采用其他新媒体渠道（如微博、公司官网、股吧论坛、业绩说明会等）与上市公司进行信息互动。未来研究有待考察和对比其他新媒体环境下的互动关系，提供更加全面的证据抑或不同的发现。

参考文献

[1]AKERLOF G A. The market for"lemons": Quality uncertainty and the market mechanism [J]. The quarterly journal of economics, 1970, 84(3): 488-500.

[2]ALLEE K D, DEANGELIS M D. The structure of voluntary disclosure narratives: Evidence from tone dispersion[J]. Journal of accounting research, 2015, 53(2): 241-274.

[3] ALLEN F, QIAN J, QIAN M. Law, finance, and economic growth in China[J]. Journal of financial economics, 2005, 77(1): 57-116.

[4]AMIHUD Y. Illiquidity and stock returns: Cross-section and time-series effects[J]. Journal of financial markets, 2002, 5(1): 31-56.

[5] ANDERSON C, KELTNER D, JOHN O P. Emotional convergence between people over time[J]. Journal of personality and social psychology, 2003, 84(5): 1054.

[6]ANG J S, HSU C, TANG D, et al. The role of social media in corporate governance[J]. The accounting review, 2021, 96(2): 1-32.

[7] ASAY H S, ELLIOTT W B, RENNEKAMP K. Disclosure readability and the sensitivity of investors' valuation judgments to outside information[J]. The accounting review, 2017, 92(4): 1-25.

[8]BAINBRIDGE S M. Director primacy and shareholder disempowerment[J]. Harv. L. Rev., 2005, 119: 1735.

[9] BALL R, BROWN P. An empirical evaluation of accounting income numbers[J]. Journal of accounting research, 1968, 6: 159-178.

[10]BARON R M, KENNY D A. The moderator-mediator variable distinction

in social psychological research: Conceptual, strategic, and statistical considerations [J]. Journal of personality and social psychology, 1986, 51(6): 1173.

[11]BARRY C B, BROWN S J. Differential information and security market equilibrium[J]. Journal of financial and quantitative analysis, 1985, 20(4): 407-422.

[12]BARTH M E, MCNICHOLS M F, WILSON G P. Factors influencing firms' disclosures about environmental liabilities[J]. Review of accounting studies, 1997, 2(1): 35-64.

[13]BARTOV E, RADHAKRISHNAN S, KRINSKY I. Investor sophistication and patterns in stock returns after earnings announcements [J]. The accounting review, 2000, 75(1): 43-63.

[14]BARTOV E, FAUREL L, MOHANRAM P S, et al. Can Twitter help predict firm-level earnings and stock returns? [J]. The accounting review, 2018, 93(3): 25-57.

[15]BEASLEY M S. An empirical analysis of the relation between the board of director composition and financial statement fraud [J]. The accounting review, 1996(4): 443-465.

[16] BERKMAN H, COLE R A, FU L J. Expropriation through loan guarantees to related parties: Evidence from China[J]. Journal of banking & finance, 2009, 33(1): 141-156.

[17]BERNARD V L, THOMAS J K. Post-earnings-announcement drift: Delayed price response or risk premium? [J]. Journal of accounting research, 1989, 27: 1-36.

[18] BHUSHAN R. An informational efficiency perspective on the post-earnings announcement drift[J]. Journal of accounting and economics, 1994, 18(1): 45-65.

[19]BLANKESPOOR E, MILLER G S, WHITE H D. The role of dissemination in market liquidity: Evidence from firms' use of Twitter[J]. The accounting review, 2014, 89(1): 79-112.

[20]BOTOSAN C A. Disclosure level and the cost of equity capital[J]. The

accounting review，1997(3)：323-349.

[21]BROWN S V，KNECHEL W R. Auditor-client compatibility and audit firm selection[J]. Journal of accounting research，2016，54(3)：725-775.

[22]BROWN S V，TUCKER J W. Large-sample evidence on firms' year-over-year MD&A modifications[J]. Journal of accounting research，2011，49(2)：309-346.

[23]BRYAN S H. Incremental information content of required disclosures contained in management discussion and analysis[J]. The accounting review，1997，77(2)：285-301.

[24]BUSHMAN R M，SMITH A J. Financial accounting information and corporate governance[J]. Journal of accounting and economics，2001，32(1-3)：237-333.

[25]CADE N L. Corporate social media：How two-way disclosure channels influence investors[J]. Accounting，organizations and society，2018，68：63-79.

[26]CAI H，FANG H，XU L C. Eat，drink，firms，government：An investigation of corruption from the entertainment and travel costs of Chinese firms[J]. The journal of law and economics，2011，54(1)：55-78.

[27]CAMPBELL J L. Why would corporations behave in socially responsible ways? An institutional theory of corporate social responsibility[J]. Academy of management review，2007，32(3)：946-967.

[28]CHAN K，CHAN Y C. Price informativeness and stock return synchronicity：Evidence from the pricing of seasoned equity offerings[J]. Journal of financial economics，2014，114(1)：36-53.

[29]CHAN K，HAMEED A. Stock price synchronicity and analyst coverage in emerging markets[J]. Journal of financial economics，2006，80(1)：115-147.

[30]CHEN D，JIAN M，XU M. Dividends for tunneling in a regulated economy：The case of China[J]. Pacific-basin finance journal，2009，17(2)：209-223.

[31]CHEN H，DE P，HU Y J，et al. Wisdom of crowds：The value of stock opinions transmitted through social media[J]. The review of financial studies，

2014, 27(5): 1367-1403.

[32]CHEN J, DONG W, TONG J, et al. Corporate philanthropy and tunneling: Evidence from China[J]. Journal of business ethics, 2018, 150(1): 135-157.

[33]CHENG Q, DU F, WANG B Y, et al. Do corporate site visits impact stock prices? [J]. Contemporary accounting research, 2019, 36(1): 359-388.

[34] CHENG Q, DU F, WANG X, et al. Seeing is believing: Analysts' corporate site visits[J]. Review of accounting studies, 2016, 21(4): 1245-1286.

[35] CHENG S. Board size and the variability of corporate performance[J]. Journal of financial economics, 2008, 87(1): 157-176.

[36]CHEUNG Y L, JING L, LU T, et al. Tunneling and propping up: An analysis of related party transactions by Chinese listed companies[J]. Pacific-basin finance journal, 2009, 17(3): 372-393.

[37]CHEUNG Y L, RAU P R, STOURAITIS A. Tunneling, propping, and expropriation: Evidence from connected party transactions in Hong Kong [J]. Journal of financial economics, 2006, 82(2): 343-386.

[38]COLE C J, JONES C L. The usefulness of MD & A disclosures in the retail industry[J]. Journal of accounting, auditing & finance, 2004, 19(4): 361-388.

[39] DIAMOND D W, VERRECCHIA R E. Disclosure, liquidity, and the cost of capital[J]. The journal of finance, 1991, 46(4): 1325-1359.

[40]DOWLING J, PFEFFER J. Organizational legitimacy: Social values and organizational behavior[J]. Pacific sociological review, 1975, 18(1): 122-136.

[41]DRAKE M S, ROULSTONE D T, THORNOCK J R. Investor information demand: Evidence from Google searches around earnings announcements [J]. Journal of accounting research, 2012, 50(4): 1001-1040.

[42]ELLIOTT W B, GRANT S M, HOBSON J L, et al. Trader participation in disclosure: Implications of interactions with management [J]. Contemporary accounting research, 2020, 37(1): 68-100.

[43] ERTUGRUL M, LEI J, QIU J, et al. Annual report readability, tone ambiguity, and the cost of borrowing [J]. Journal of financial and quantitative analysis, 2017, 52(2): 811-836.

[44] FAMA E F. Efficient capital markets: A review of theory and empirical work[J]. The journal of finance, 1970, 25(2): 383-417.

[45] FANG L, PERESS J. Media coverage and the cross-section of stock returns[J]. The journal of finance, 2009, 64(5): 2023-2052.

[46] FONG K Y L, HOLDEN C W, TRZCINKA C A. What are the best liquidity proxies for global research? [J]. Review of finance, 2017, 21(4): 1355-1401.

[47] FOSTER G. Financial statement analysis, 2/e[M]. New Jersey: Prentice-Hall, 1986.

[48] FRANCIS J R, KHURANA I K, PEREIRA R. Disclosure incentives and effects on cost of capital around the world[J]. The accounting review, 2005, 80(4): 1125-1162.

[49] FRANKEL R, JOHNSON M, SKINNER D J. An empirical examination of conference calls as a voluntary disclosure medium[J]. Journal of accounting research, 1999, 37(1): 133-150.

[50] GAO L, KLING G. Corporate governance and tunneling: Empirical evidence from China[J]. Pacific-basin finance journal, 2008, 16(5): 591-605.

[51] GLEASON C A, LEE C M C. Analyst forecast revisions and market price discovery[J]. The accounting review, 2003, 78(1): 193-225.

[52] GUL F A, KIM J B, QIU A A. Ownership concentration, foreign shareholding, audit quality, and stock price synchronicity: Evidence from China[J]. Journal of financial economics, 2010, 95(3): 425-442.

[53] HADLOCK C J, PIERCE J R. New evidence on measuring financial constraints: Moving beyond the KZ index[J]. The review of financial studies, 2010, 23(5): 1909-1940.

[54] HAMEED Z, GARCIA-ZAPIRAIN B. Sentiment classification using a single-layered Bi-LSTM model[J]. Ieee access, 2020, 8: 73992-74001.

[55] HEALY P M, HUTTON A P, PALEPU K G. Stock performance and intermediation changes surrounding sustained increases in disclosure[J]. Contemporary accounting research, 1999, 16(3): 485-520.

[56] HEALY P M, PALEPU K G. Information asymmetry, corporate disclo-

sure, and the capital markets: A review of the empirical disclosure literature[J]. Journal of accounting and economics, 2001, 31(1-3): 405-440.

[57]HIRSHLEIFER D A, MYERS J N, MYERS L A, et al. Do individual investors cause post-earnings announcement drift? Direct evidence from personal trades[J]. The accounting review, 2008, 83(6): 1521-1550.

[58]HUANG A H, LEHAVY R, ZANG A Y, et al. Analyst information discovery and interpretation roles: A topic modeling approach[J]. Management science, 2018, 64(6): 2833-2855.

[59]HUTTON A P, MARCUS A J, TEHRANIAN H. Opaque financial reports, R2, and crash risk[J]. Journal of financial economics, 2009, 94(1): 67-86.

[60]JENSEN M C, MECKLING W H. Theory of the firm: Managerial behavior, agency costs and ownership structure[J]. Journal of financial economics, 1976, 3(4): 305-360.

[61]JIAN M, WONG T J. Propping through related party transactions[J]. Review of accounting studies, 2010, 15(1): 70-105.

[62]JIANG G, LEE C M C, YUE H. Tunneling through intercorporate loans: The China experience[J]. Journal of financial economics, 2010, 98(1): 1-20.

[63]JIANG G, RAO P, YUE H. Tunneling through non-operational fund occupancy: An investigation based on officially identified activities[J]. Journal of corporate finance, 2015, 32: 295-311.

[64]JIANG X, YUAN Q. Institutional investors' corporate site visits and corporate innovation[J]. Journal of corporate finance, 2018, 48: 148-168.

[65]JIN L, MYERS S C. R2 around the world: New theory and new tests[J]. Journal of financial economics, 2006, 79(2): 257-292.

[66]JOHNSON S, LA PORTA R, LOPEZ-DE-SILANES F, et al. Tunneling[J]. American economic review, 2000, 90(2): 22-27.

[67]KE B, YU Y. The effect of issuing biased earnings forecasts on analysts' access to management and survival[J]. Journal of accounting research, 2006, 44(5): 965-999.

[68] KIM J B, LI Y, ZHANG L. Corporate tax avoidance and stock price crash risk: Firm-level analysis[J]. Journal of financial economics, 2011, 100(3): 639-662.

[69] KIM J W, LIM J H, NO W G. The effect of first wave mandatory XBRL reporting across the financial information environment[J]. Journal of information systems, 2012, 26(1): 127-153.

[70] KOTHARI S P. Capital markets research in accounting[J]. Journal of accounting and economics, 2001, 31(1-3): 105-231.

[71] LA PORTA R, LOPEZ-DE-SILANES F, SHLEIFER A, et al. Investor protection and corporate governance[J]. Journal of financial economics, 2000, 58(1-2): 3-27.

[72] LANG M, LUNDHOLM R. Cross-sectional determinants of analyst ratings of corporate disclosures[J]. Journal of accounting research, 1993, 31(2): 246-271.

[73] LEE E, WALKER M, ZENG C C. Do Chinese state subsidies affect voluntary corporate social responsibility disclosure?[J]. Journal of accounting and public policy, 2017, 36(3): 179-200.

[74] LEE L F, HUTTON A P, SHU S. The role of social media in the capital market: Evidence from consumer product recalls[J]. Journal of accounting research, 2015, 53(2): 367-404.

[75] LEFTWICH R W, WATTS R L, ZIMMERMAN J L. Voluntary corporate disclosure: The case of interim reporting[J]. Journal of accounting research, 1981(19): 50-77.

[76] LEHAVY R, LI F, MERKLEY K. The effect of annual report readability on analyst following and the properties of their earnings forecasts[J]. The accounting review, 2011, 86(3): 1087-1115.

[77] LI F. Annual report readability, current earnings, and earnings persistence[J]. Journal of accounting and economics, 2008, 45(2-3): 221-247.

[78] LI F. The information content of forward-looking statements in corporate filings: A naïve Bayesian machine learning approach[J]. Journal of accounting

research, 2010, 48(5): 1049-1102.

[79]LIM T. Rationality and analysts' forecast bias[J]. The journal of finance, 2001, 56(1): 369-385.

[80]LIU Q, LU Z J. Corporate governance and earnings management in the Chinese listed companies: A tunneling perspective [J]. Journal of corporate finance, 2007, 13(5): 881-906.

[81]LOUGHRAN T, MCDONALD B. Measuring readability in financial disclosures[J]. The journal of finance, 2014, 69(4): 1643-1671.

[82]LOUGHRAN T, MCDONALD B. When is a liability not a liability? Textual analysis, dictionaries, and 10-Ks[J]. The journal of finance, 2011, 66(1): 35-65.

[83]MATSUMOTO D, PRONK M, ROELOFSEN E. What makes conference calls useful? The information content of managers' presentations and analysts' discussion sessions[J]. The accounting review, 2011, 86(4): 1383-1414.

[84]MAYEW W J. Evidence of management discrimination among analysts during earnings conference calls[J]. Journal of accounting research, 2008, 46(3): 627-659.

[85]MCNICHOLS M, O'BRIEN P C. Self-selection and analyst coverage[J]. Journal of accounting research, 1997, 35: 167-199.

[86]MEEK G K, ROBERTS C B, GRAY S J. Factors influencing voluntary annual report disclosures by US, UK and continental European multinational corporations[J]. Journal of international business studies, 1995, 26(3): 555-572.

[87]MERTON R C. A simple model of capital market equilibrium with incomplete information[J]. The journal of finance, 1987, 42(3): 483-510.

[88]MILLER B P. The effects of reporting complexity on small and large investor trading[J]. The accounting review, 2010, 85(6): 2107-2143.

[89]MILLER G S, SKINNER D J. The evolving disclosure landscape: How changes in technology, the media, and capital markets are affecting disclosure[J]. Journal of accounting research, 2015, 53(2): 221-239.

[90]MILLER G S. The press as a watchdog for accounting fraud[J]. Journal of

accounting research, 2006, 44(5): 1001-1033.

[91]MORCK R, YEUNG B, YU W. The information content of stock markets: Why do emerging markets have synchronous stock price movements? [J]. Journal of financial economics, 2000, 58(1-2): 215-260.

[92]MYERS S C, MAJLUF N S. Corporate financing and investment decisions when firms have information that investors do not have[J]. Journal of financial economics, 1984, 13(2): 187-221.

[93]NG J, RUSTICUS T O, VERDI R S. Implications of transaction costs for the post-earnings announcement drift[J]. Journal of accounting research, 2008, 46(3): 661-696.

[94]PEASNELL K, TALIB S, YOUNG S. The fragile returns to investor relations: Evidence from a period of declining market confidence[J]. Accounting and business research, 2011, 41(1): 69-90.

[95]PORTER M E, KRAMER M R. The link between competitive advantage and corporate social responsibility [J]. Harvard business review, 2006, 84: 78-92.

[96]RAMANANDA D, ATAHAU A D R. Corporate social disclosure through social media: An exploratory study[J]. Journal of applied accounting research, 2019, 21(2): 265-281.

[97]SHIN D, HE S, LEE G M, et al. Enhancing social media analysis with visual data analytics: A deep learning approach[J]. MIS quarterly, 2020, 44(4): 1459-1492.

[98]SKINNER D J. Why firms voluntarily disclose bad news[J]. Journal of accounting research, 1994, 32(1): 38-60.

[99]TASKER S C. Bridging the information gap: Quarterly conference calls as a medium for voluntary disclosure[J]. Review of accounting studies, 1998, 3(1): 137-167.

[100]TETLOCK P C. All the news that's fit to reprint: Do investors react to stale information? [J]. The review of financial studies, 2011, 24(5): 1481-1512.

[101]WANG K, XIAO X. Controlling shareholders' tunneling and executive

compensation: Evidence from China[J]. Journal of accounting and public policy, 2011, 30(1): 89–100.

[102]WANG L, JUSLIN H. The impact of Chinese culture on corporate social responsibility: The harmony approach[J]. Journal of business ethics, 2009, 88(3): 433–451.

[103]WARFIELD T D, WILD J J, WILD K L. Managerial ownership, accounting choices, and informativeness of earnings[J]. Journal of accounting and economics, 1995, 20(1): 61–91.

[104]WATTS R L, ZIMMERMAN J L. Positive accounting theory: A the gear perspective[J]. The accounting review, 1999(1): 131–156.

[105]WELKER M. Disclosure policy, information asymmetry, and liquidity in equity markets[J]. Contemporary accounting research, 1995, 11(2): 801–827.

[106]WU S, XU N, YUAN Q. State control, legal investor protection, and ownership concentration: Evidence from China[J]. Corporate governance: an international review, 2009, 17(2): 176–192.

[107]XU N, JIANG X, CHAN K C, et al. Analyst herding and stock price crash risk: Evidence from China[J]. Journal of international financial management & accounting, 2017, 28(3): 308–348.

[108]XU S X, ZHANG X. Impact of Wikipedia on market information environment: Evidence on management disclosure and investor reaction[J]. Mis quarterly, 2013(4): 1043–1068.

[109]YERMACK D. Flights of fancy: Corporate jets, CEO perquisites, and inferior shareholder returns[J]. Journal of financial economics, 2006, 80(1): 211–242.

[110]ZHANG M, GAO S, GUAN X, et al. Controlling shareholder–manager collusion and tunneling: Evidence from China[J]. Corporate governance: an international review, 2014, 22(6): 440–459.

[111]ZHANG Y, YANG F. Corporate social responsibility disclosure: Responding to investors' criticism on social media[J]. International journal of environmental research and public health, 2021, 18(14): 7396.

[112]ZHAO M. CSR-based political legitimacy strategy：Managing the state by doing good in China and Russia[J]. Journal of business ethics，2012，111(4)：439-460.

[113]ZHOU J，YE S，LAN W，et al. The effect of social media on corporate violations：Evidence from Weibo posts in China[J]. International review of finance，2021，21(3)：966-988.

[114] ZYGLIDOPOULOS S C，GEORGIADIS A P，CARROLL C E，et al. Does media attention drive corporate social responsibility？[J]. Journal of business research，2012，65(11)：1622-1627.

[115]卜君，孙光国．董事会秘书身份定位与职责履行：基于信息披露质量的经验证据[J]．会计研究，2018(12)：26-33.

[116]卜君，孙光国．投资者实地调研与上市公司违规：作用机制与效果检验[J]．会计研究，2020(5)：30-47.

[117]岑维，李士好，童娜琼．投资者关注度对股票收益与风险的影响：基于深市“互动易”平台数据的实证研究[J]．证券市场导报，2014(7)：40-47.

[118]岑维，童娜琼，何潇悦．投资者关注度与中小股东利益保护：基于深交所“互动易”平台数据的实证研究[J]．证券市场导报，2016(2)：54-62.

[119]陈冬华，陈信元，万华林．国有企业中的薪酬管制与在职消费[J]．经济研究，2005(2)：92-101.

[120]陈钦源，薛菲，杨圣之，等．“危中寻机”：线上交流能提升资本市场信息效率吗？[J]．经济管理，2021，43(5)：142-158.

[121]陈运森，邓祎璐，李哲．证券交易所一线监管的有效性研究：基于财务报告问询函的证据[J]．管理世界，2019，35(3)：169-185，208.

[122]程富，王福胜．CFO兼任董秘与资本结构决策[J]．管理科学，2020，33(6)：128-144.

[123]程新生，谭有超，刘建梅．非财务信息、外部融资与投资效率：基于外部制度约束的研究[J]．管理世界，2012(7)：137-150，188.

[124]程新生，郑海埃，程昱．创新信息披露、分析师跟踪与市场反应研究[J]．科研管理，2020，41(1)：161-173.

[125]褚剑，方军雄．政府审计能够抑制国有企业高管超额在职消费吗?[J]．会计研究，2016(9)：82-89.

[126]崔学刚．公司治理机制对公司透明度的影响：来自中国上市公司的经验数据[J]．会计研究，2004(8)：72-80，97.

[127]丁慧，吕长江，陈运佳．投资者信息能力：意见分歧与股价崩盘风险：来自社交媒体“上证 e 互动”的证据[J]．管理世界，2018，34(9)：161-171.

[128]丁慧，吕长江，黄海杰．社交媒体、投资者信息获取和解读能力与盈余预期：来自“上证 e 互动”平台的证据[J]．经济研究，2018，53(1)：153-168.

[129]窦超，罗劲博．中小股东利用社交媒体“发声”能否改善高管薪酬契约[J]．财贸经济，2020，41(12)：85-100.

[130]段江娇，刘红忠，曾剑平．中国股票网络论坛的信息含量分析[J]．金融研究，2017(10)：178-192.

[131]范小雯．上市公司自愿性信息披露影响因素研究[J]．证券市场导报，2006(4)：72-77.

[132]方红星，楚有为．自愿披露、强制披露与资本市场定价效率[J]．经济管理，2019，41(1)：156-173.

[133]方红星，孙翯，金韵韵．公司特征、外部审计与内部控制信息的自愿披露：基于沪市上市公司 2003—2005 年年报的经验研究[J]．会计研究，2009(10)：44-52，95.

[134]高敬忠，杨朝，彭正银．网络平台互动能够缓解企业融资约束吗：来自交易所互动平台问答的证据[J]．会计研究，2021(6)：59-75.

[135]郭建鸾，简晓彤．分析师的外部监督效应：来自企业高管在职消费的证据[J]．中央财经大学学报，2021(2)：73-88.

[136]何贤杰，王孝钰，孙淑伟，等．网络新媒体信息披露的经济后果研究：基于股价同步性的视角[J]．管理科学学报，2018，21(6)：43-59.

[137]何贤杰，王孝钰，赵海龙，等．上市公司网络新媒体信息披露研究：基于微博的实证分析[J]．财经研究，2016，42(3)：16-27.

[138]何玉，张天西．信息披露、信息不对称和资本成本：研究综述[J].

会计研究，2006(6)：80-86.

[139]胡军，王甄，陶莹，等．微博、信息披露与分析师盈余预测[J]. 财经研究，2016，42(5)：66-76.

[140]胡军，王甄．微博、特质性信息披露与股价同步性[J]. 金融研究，2015(11)：190-206.

[141]黄宏斌，李然，毛天琴．上市公司自媒体信息披露、市场行情与分析师盈余预测偏差[J]. 西安交通大学学报(社会科学版)，2020，40(2)：45-56.

[142]黄宏斌，刘倩茹，李飞宇，等．自媒体噪声信息披露是掩人耳目吗[J]. 南开管理评论，2021，24(6)：174-188.

[143]江轩宇，朱琳，伊志宏．网络舆论关注与企业创新[J]. 经济学(季刊)，2021，21(1)：113-134.

[144]姜付秀，马云飙，王运通．退出威胁能抑制控股股东私利行为吗?[J]. 管理世界，2015(5)：147-159.

[145]姜付秀，石贝贝，马云飙．董秘财务经历与盈余信息含量[J]. 管理世界，2016(9)：161-173.

[146]姜付秀，石贝贝，马云飙．信息发布者的财务经历与企业融资约束[J]. 经济研究，2016，51(6)：83-97.

[147]姜国华，岳衡．大股东占用上市公司资金与上市公司股票回报率关系的研究[J]. 管理世界，2005(9)：119-126，157，171-172.

[148]金德环，李岩．群体智慧：同伴观点与价值发现：来自社交媒体的经验证据[J]. 经济管理，2017，39(12)：157-173.

[149]孔东民，柯瑞豪．谁驱动了中国股市的 PEAD？[J]. 金融研究，2007(10)：82-99.

[150]孔东民，刘莎莎，陈小林，等．个体沟通、交易行为与信息优势：基于共同基金访问的证据[J]. 经济研究，2015，50(11)：106-119，182.

[151]孔东民，刘莎莎，应千伟．公司行为中的媒体角色：激浊扬清还是推波助澜？[J]. 管理世界，2013(7)：145-162.

[152]匡文波．到底什么是新媒体？[J]. 新闻与写作，2012(7)：24-27.

[153]李春涛，刘贝贝，周鹏．卖空与信息披露：融券准自然实验的证据

[J]. 金融研究，2017(9)：130-145.

[154]李春涛，张计宝，张璇．年报可读性与企业创新[J]. 经济管理，2020，42(10)：156-173.

[155]李昊洋．投资者调研与资本市场信息效率研究[D]. 北京：北京交通大学，2018.

[156]李培功，沈艺峰．媒体的公司治理作用：中国的经验证据[J]. 经济研究，2010，45(4)：14-27.

[157]李善民，毛雅娟，赵晶晶．高管持股、高管的私有收益与公司的并购行为[J]. 管理科学，2009，22(6)：2-12.

[158]李维安，邱艾超，古志辉．双重公司治理环境、政治联系偏好与公司绩效：基于中国民营上市公司治理转型的研究[J]. 中国工业经济，2010(6)：85-95.

[159]李星，田高良，张睿．"瞒天过海"：企业避税与大股东掏空[J]. 管理工程学报，2020，34(4)：21-33.

[160]李增泉，孙铮，王志伟．"掏空"与所有权安排：来自我国上市公司大股东资金占用的经验证据[J]. 会计研究，2004(12)：3-13，97.

[161]廖祥忠．何为新媒体？[J]. 现代传播(中国传媒大学学报)，2008(5)：121-125.

[162]廖歆欣，刘运国．企业避税、信息不对称与管理层在职消费[J]. 南开管理评论，2016，19(2)：87-99.

[163]刘峰．制度安排与会计信息质量：红光实业的案例分析[J]. 会计研究，2001(7)：7-15，65.

[164]刘慧芬，王华．竞争环境、政策不确定性与自愿性信息披露[J]. 经济管理，2015，37(11)：145-155.

[165]卢锐，魏明海，黎文靖．管理层权力、在职消费与产权效率：来自中国上市公司的证据[J]. 南开管理评论，2008(5)：85-92，112.

[166]卢文彬，官峰，张佩佩，等．媒体曝光度、信息披露环境与权益资本成本[J]. 会计研究，2014(12)：66-71，96.

[167]陆正飞，刘桂进．中国公众投资者信息需求之探索性研究[J]. 经济研究，2002(4)：36-43，93.

[168]逯东，宋昕倍，龚祎．控股股东股权质押与年报文本信息可读性[J]．财贸研究，2020，31(5)：77-96.

[169]逯东，孙岩，杨丹．会计信息与资源配置效率研究述评[J]．会计研究，2012(6)：19-24，92.

[170]逯东，余渡，杨丹．财务报告可读性、投资者实地调研与对冲策略[J]．会计研究，2019(10)：34-41.

[171]路军伟，王甜甜，卜小霞．CFO与董秘兼任能提高财报质量吗？基于形式质量和实质质量的双重视角[J]．现代财经(天津财经大学学报)，2019，39(12)：81-96.

[172]罗党论，刘晓龙．政治关系、进入壁垒与企业绩效：来自中国民营上市公司的经验证据[J]．管理世界，2009(5)：97-106.

[173]罗进辉，杜兴强．媒体报道、制度环境与股价崩盘风险[J]．会计研究，2014(9)：53-59，97.

[174]罗进辉．媒体报道的公司治理作用：双重代理成本视角[J]．金融研究，2012(10)：153-166.

[175]罗进辉，万迪昉．大股东持股对管理者过度在职消费行为的治理研究[J]．证券市场导报，2009(6)：64-70.

[176]罗进辉，向元高，金思静．董事会秘书能够提高资本市场效率吗：基于股价同步性的经验证据[J]．山西财经大学学报，2015，37(12)：80-90.

[177]罗劲博，熊艳．中小股东“在线发声”与企业会计稳健性：来自雪球论坛的证据[J]．财经研究，2021，47(12)：150-165.

[178]毛新述，王斌，林长泉，等．信息发布者与资本市场效率[J]．经济研究，2013，48(10)：69-81.

[179]孟庆斌，黄清华，张劲帆，等．上市公司与投资者的互联网沟通具有信息含量吗？基于深交所“互动易”的研究[J]．经济学(季刊)，2020，19(2)：637-662.

[180]孟庆斌，黄清华，赵大旋，等．互联网沟通与股价崩盘风险[J]．经济理论与经济管理，2019(11)：50-67.

[181]孟庆斌，杨俊华，鲁冰．管理层讨论与分析披露的信息含量与股价崩盘风险：基于文本向量化方法的研究[J]．中国工业经济，2017(12)：

132-150.

[182]潘珺，余玉苗．审计委员会履职能力、召集人影响力与公司财务报告质量[J]．南开管理评论，2017，20(1)：108-118.

[183]潘越，戴亦一，林超群．信息不透明、分析师关注与个股暴跌风险[J]．金融研究，2011(9)：138-151.

[184]彭兰．“新媒体”概念界定的三条线索[J]．新闻与传播研究，2016，23(3)：120-125.

[185]彭情，郑宇新．CFO 兼任董秘降低了股价崩盘风险吗：基于信息沟通与风险规避的视角[J]．山西财经大学学报，2018，40(4)：49-61.

[186]钱爱民，朱大鹏．财务报告文本相似度与违规处罚：基于文本分析的经验证据[J]．会计研究，2020(9)：44-58.

[187]丘心颖，郑小翠，邓可斌．分析师能有效发挥专业解读信息的作用吗：基于汉字年报复杂性指标的研究[J]．经济学(季刊)，2016，15(4)：1483-1506.

[188]权小锋，吴世农．CEO 权力强度、信息披露质量与公司业绩的波动性：基于深交所上市公司的实证研究[J]．南开管理评论，2010，13(4)：142-153.

[189]权小锋，吴世农．媒体关注的治理效应及其治理机制研究[J]．财贸经济，2012(5)：59-67.

[190]权小锋，肖斌卿，吴世农．投资者关系管理能够稳定市场吗：基于A 股上市公司投资者关系管理的综合调查[J]．管理世界，2016(1)：139-152，188.

[191]沈洪涛，冯杰．舆论监督、政府监管与企业环境信息披露[J]．会计研究，2012(2)：72-78，97.

[192]沈洪涛．公司特征与公司社会责任信息披露：来自我国上市公司的经验证据[J]．会计研究，2007(3)：9-16，93.

[193]孙鲲鹏，王丹，肖星．互联网信息环境整治与社交媒体的公司治理作用[J]．管理世界，2020，36(7)：106-132.

[194]孙彤．非正式信息传递机制与企业价值：基于企业家微博的实证证据[D]．上海：上海财经大学，2020.

[195]孙文章．信息发布者会计背景有助于提高信息可读性吗：基于董秘个人特征的证据[J]．经济管理，2021，43(9)：154-171.

[196]孙泽宇，齐保垒．资本市场开放与高管在职消费：基于沪深港通交易制度的准自然实验[J]．会计研究，2021(4)：130-144.

[197]谭松涛，阚铄，崔小勇．互联网沟通能够改善市场信息效率吗：基于深交所“互动易”网络平台的研究[J]．金融研究，2016(3)：174-188.

[198]王丹，孙鲲鹏，高皓．社交媒体上“用嘴投票”对管理层自愿性业绩预告的影响[J]．金融研究，2020(11)：188-206.

[199]王化成，曹丰，叶康涛．监督还是掏空：大股东持股比例与股价崩盘风险[J]．管理世界，2015(2)：45-57，187.

[200]王化成，岳宝宏．信息披露的市场反应与市场有效性：从控制权转移的视角[J]．东南大学学报(哲学社会科学版)，2009，11(3)：44-50，127.

[201]王克敏，王华杰，李栋栋，等．年报文本信息复杂性与管理者自利：来自中国上市公司的证据[J]．管理世界，2018，34(12)：120-132，194.

[202]王铁军．上市公司参与网络互动的动因及影响研究[J]．经济与管理，2020，34(2)：32-42.

[203]王雄元，高曦，何捷．年报风险信息披露与审计费用：基于文本余弦相似度视角[J]．审计研究，2018(5)：98-104.

[204]王雪莉，马琳，王艳丽．高管团队职能背景对企业绩效的影响：以中国信息技术行业上市公司为例[J]．南开管理评论，2013，16(4)：80-93.

[205]王艳艳，于李胜，安然．非财务信息披露是否能够改善资本市场信息环境：基于社会责任报告披露的研究[J]．金融研究，2014(8)：178-191.

[206]魏明海，黄琼宇，程敏英．家族企业关联大股东的治理角色：基于关联交易的视角[J]．管理世界，2013(3)：133-147，171，188.

[207]魏明海，刘峰，施鲲翔．论会计透明度[J]．会计研究，2001(9)：16-20，65.

[208]温忠麟，叶宝娟．中介效应分析：方法和模型发展[J]．心理科学进展，2014，22(5)：731-745.

[209]吴超鹏，郑方镳，杨世杰．证券分析师的盈余预测和股票评级是否

具有独立性？[J]．经济学(季刊)，2013，12(3)：935-958.

[210]吴秋生，郭飞．内控重大缺陷修复信息披露有效性研究：基于成本效益视角[J]．会计研究，2020(4)：130-142.

[211]吴育辉，吴世农．股权集中、大股东掏空与管理层自利行为[J]．管理科学学报，2011，14(8)：34-44.

[212]肖斌卿，彭毅，方立兵，等．上市公司调研对投资决策有用吗：基于分析师调研报告的实证研究[J]．南开管理评论，2017，20(1)：119-131.

[213]肖华，张国清．公共压力与公司环境信息披露：基于"松花江事件"的经验研究[J]．会计研究，2008(5)：15-22，95.

[214]谢德仁，郑登津，崔宸瑜．控股股东股权质押是潜在的"地雷"吗：基于股价崩盘风险视角的研究[J]．管理世界，2016(5)：128-140，188.

[215]徐寿福，徐龙炳．信息披露质量与资本市场估值偏误[J]．会计研究，2015(1)：40-47，96.

[216]徐巍，陈冬华．自媒体披露的信息作用：来自新浪微博的实证证据[J]．金融研究，2016(3)：157-173.

[217]徐巍，姚振晔，陈冬华．中文年报可读性：衡量与检验[J]．会计研究，2021(3)：28-44.

[218]许年行，于上尧，伊志宏．机构投资者羊群行为与股价崩盘风险[J]．管理世界，2013(7)：31-43.

[219]杨德明，林斌，辛清泉．盈利质量、投资者非理性行为与盈余惯性[J]．金融研究，2007(2)：122-132.

[220]杨凡，张玉明．互联网沟通能降低股价同步性吗：来自"上证 e 互动"的证据[J]．中南财经政法大学学报，2020(6)：108-119.

[221]杨凡，张玉明．网络媒介、互动式信息披露与分析师行为：来自"上证 e 互动"的证据[J]．山西财经大学学报，2020，42(11)：113-126.

[222]叶康涛，曹丰，王化成．内部控制信息披露能够降低股价崩盘风险吗？[J]．金融研究，2015(2)：192-206.

[223]叶康涛，陆正飞，张志华．独立董事能否抑制大股东的"掏空"？[J]．经济研究，2007(4)：101-111.

[224]叶志强，冯怡，张顺明．股权分置改革后我国证券市场有效性研究：

基于非预期非流动性新信息视角[J]. 投资研究，2013，32(5)：124-137.

[225]伊志宏，姜付秀，秦义虎. 产品市场竞争、公司治理与信息披露质量[J]. 管理世界，2010(1)：133-141，161，188.

[226]尹开国，汪莹莹，刘小芹. 产权性质、管理层持股与社会责任信息披露：来自中国上市公司的经验证据[J]. 经济与管理研究，2014(9)：114-120.

[227]尹筑嘉，曾浩，毛晨旭. 董事网络缓解融资约束的机制：信息效应与治理效应[J]. 财贸经济，2018，39(11)：112-127.

[228]于李胜，王艳艳. 信息不确定性与盈余公告后漂移现象(PEAD)：来自中国上市公司的经验证据[J]. 管理世界，2006(3)：40-49，56，171-172.

[229]于李胜，王艳艳. 信息竞争性披露、投资者注意力与信息传播效率[J]. 金融研究，2010(8)：112-135.

[230]于忠泊，田高良，齐保垒，等. 媒体关注的公司治理机制：基于盈余管理视角的考察[J]. 管理世界，2011(9)：127-140.

[231]于忠泊，田高良，张咏梅. 媒体关注、制度环境与盈余信息市场反应：对市场压力假设的再检验[J]. 会计研究，2012(9)：40-51，96-97.

[232]袁知柱，鞠晓峰. 中国上市公司会计信息质量与股价信息含量关系实证检验[J]. 中国管理科学，2008，16(S1)：231-234.

[233]袁知柱，吴粒，鞠晓峰. 股价信息含量对企业资源配置效率影响实证研究[J]. 东北大学学报(自然科学版)，2012，33(11)：1664-1668.

[234]曾庆生，周波，张程，等. 年报语调与内部人交易："表里如一"还是"口是心非"？[J]. 管理世界，2018，34(9)：143-160.

[235]曾颖，陆正飞. 信息披露质量与股权融资成本[J]. 经济研究，2006(2)：69-79，91.

[236]翟胜宝，徐亚琴，杨德明. 媒体能监督国有企业高管在职消费吗？[J]. 会计研究，2015(5)：57-63，95.

[237]张纯，吕伟. 信息披露、市场关注与融资约束[J]. 会计研究，2007(11)：32-38，95.

[238]张继勋，韩冬梅. 网络互动平台沟通中管理层回复的及时性、明确

性与投资者投资决策：一项实验证据[J]. 管理评论，2015，27(10)：70-83.

[239]张丽霞. 盈余预告信息性质、管理层时机披露策略与投资者的反应[J]. 山西财经大学学报，2016，38(9)：114-124.

[240]张淑惠，陈珂莹. 抑制还是诱发：投资者关注与盈余管理：基于投资者互动平台的文本分析[J]. 经济社会体制比较，2020(3)：130-140.

[241]张新民，金瑛，刘思义，等. 互动式信息披露与融资环境优化[J]. 中国软科学，2021(12)：101-113.

[242]张正勇. 产品市场竞争、公司治理与社会责任信息披露：来自中国上市公司社会责任报告的经验证据[J]. 山西财经大学学报，2012，34(4)：67-76.

[243]张正勇，吉利，毛洪涛. 公司社会责任信息披露与经济动机研究：来自中国上市公司社会责任报告的经验证据[J]. 证券市场导报，2012(7)：16-23.

[244]张正勇，吉利，毛洪涛. 上市公司社会责任报告自愿披露的动机：以所有权性质为背景的经验分析[J]. 证券市场导报，2014(7)：21-27.

[245]张宗新，张晓荣，廖士光. 上市公司自愿性信息披露行为有效吗：基于 1998—2003 年中国证券市场的检验[J]. 经济学(季刊)，2005(1)：369-386.

[246]赵杨，赵泽明. 互动式信息披露：文献回顾与研究展望[J]. 科学决策，2018(11)：74-94.

[247]郑国坚，蔡贵龙，卢昕. "深康佳"中小股东维权："庶民的胜利"抑或"百日维新"：一个中小股东参与治理的分析框架[J]. 管理世界，2016(12)：145-158，188.

[248]郑国坚，林东杰，张飞达. 大股东财务困境、掏空与公司治理的有效性：来自大股东财务数据的证据[J]. 管理世界，2013(5)：157-168.

[249]钟覃琳，陆正飞. 资本市场开放能提高股价信息含量吗：基于"沪港通"效应的实证检验[J]. 管理世界，2018，34(1)：169-179.

[250]周建，王顺昊，张双鹏. 董秘信息提供、独立董事履职有效性与公司绩效[J]. 管理科学，2018，31(5)：97-116.

[251]周开国，李涛，张燕. 董事会秘书与信息披露质量[J]. 金融研究，

2011(7)：167-181.

[252]周兰，谢海强．基于经济波动的企业信贷融资与信息透明度关系研究[J]．中国管理科学，2013，21(S1)：220-226.

[253]周美华，林斌，林东杰．管理层权力、内部控制与腐败治理[J]．会计研究，2016(3)：56-63，96.

[254]周泽将，高雅．独立董事本地任职抑制了大股东掏空吗？[J]．中央财经大学学报，2019(7)：103-114.

[255]朱琳，陈钦源，伊志宏．信息发布者特征与企业创新[J]．中国经济问题，2021(1)：156-173.

[256]朱孟楠，梁裕珩，吴增明．互联网信息交互网络与股价崩盘风险：舆论监督还是非理性传染[J]．中国工业经济，2020(10)：81-99.

后 记

硕博六年一晃而过。六年来的日日夜夜充满苦涩艰辛、迷茫煎熬，兼有喜悦感动，成为人生中刻骨铭心的宝贵经历。即将博士毕业踏入新的人生阶段，感恩那些在求学路上指点我前进、给予我鼓励和关怀、见证我成长的良师益友。感谢厚重如山的师恩，感谢导师张玉明教授对我的悉心培养。张老师学术造诣深厚，思维活跃开阔，尤为重视学术创新，为我指明了博士期间的研究方向。在我科研工作遇到难处时，老师总是给予信任和鼓励，耐心指导、循循善诱，对我独立思考能力和研究素养的提升，乃至今后工作大有裨益。生活中，张老师为人一贯谦逊低调，做事不为名利，对待学生儒雅随和，虚怀若谷，令人敬佩。我会谨记张老师“不争、不辩、不语”的处世哲学，心怀淡泊名利之念，奉献于教书育人事业，也将永远感念老师对我真挚的鼓励、包容和关怀。同时，感谢我的硕士导师路军伟教授。路老师治学严谨，知识精深，时常告诫学生要戒骄戒躁、深入思辨，要树立高远的学术理想，做顶天立地的高质量科研。感恩老师将我引入学术大门，督促我不断反思和改正不足。路漫漫其修远兮，我将怀着老师的勉励继续探索求真。

感谢并肩同行的朋友。感谢舍友刘瑶瑶，遇见她是我最大的幸运。六年里我们朝夕相伴，同甘共苦，共同见证彼此的重要时刻，一起漫步在校园的春夏秋冬，无论快乐与悲伤我们都感同身受，紧紧相依。毕业在即，心中有万般不舍，感谢她为我做的一切。感谢师兄赵瑞瑞博士，他在师门工作中为我承担了许多责任，也时常给予我暖心的倾听和安慰，缓解了我的毕业焦虑，毫无保留地为我博士期间的研究工作提供指导和帮助。感谢挚友潘涛在百忙之中抽出时间帮忙收集、整理数据，使论文得以顺利完成。少年相识，莫逆于心，感谢他无限的宽容和默默的牵挂。感谢远在他乡的好友刘欢鑫、杨博，虽然不能时常相聚，但彼此想念，他们一直给予我莫大的精神鼓励，让我在无数次灰心丧气和迷茫焦虑后重拾信心。感谢同窗好友韩杰、颜东伟、刘洋以及师兄李玉晨博士于文史楼、鲁能楼的相遇相伴，每一个平淡的日子都因可爱的他们而充满意义，我会永远想念这些温暖的伙伴。感谢刘德胜博士、王春燕博士、迟冬梅博士、张娟娟、邢超、徐凯歌、王小楠、刘芃、王越凤、张馨月、张永红、曹腾、翟一璇、刘晗等同门对我的关心和帮助，支撑我度过许多令人倍感煎熬的时刻。

感谢相守相伴的父母、家人。父亲勤劳顾家，母亲温柔似水，姐姐纯真温厚，他们辛勤朴实，对待他人热情，心怀善意，拥有优秀的品德，为我树立了良好的榜样。在人生的重要关口，他们尊重我的意愿，给我自由选择的权利，在物质和精神上给予我全力支持，成为我风雨求学路上最坚强的后盾。看着父母渐渐变老，我时常觉得愧疚，以后的时光里我会用更多的时间陪伴他们，报答父母的养育之恩，弥补对家人的亏欠。感谢爱人王术荣先生，十三年间我们相遇相知、相爱相许，又异地相守。他热爱工作，兢兢业业，具有深厚的家国情怀，是平凡而闪光的核电工作者。一直以来，他沉稳成熟、自信豁达、宽容博爱的性情潜移默化地影响了我。在求学过程中，他始终坚定地支持我遵从内心做出的选择，给予我无限的信任，引导我看淡得失，帮助我解决问题。他热爱家庭，担负起生活的重任，孝敬父母、关怀家人，使我后顾无忧。即将并肩迈向新阶段，愿我们在精神上共同成长，依然是心有灵犀的伙伴，是当年纯粹的少年。

感谢不断成长的自己。六年里，数次在深夜里辗转反侧，或是因为失败深陷自我怀疑，或是受到嘲讽委屈无奈，独自品尝辛酸苦辣。感谢自己内心的逐渐强大，坦然接纳自己的不完美和遗憾，一步步完成从依赖到独立、从脆弱到坚强、从患得患失到宠辱不惊、从喜怒形于色到情绪稳定的性格改善……更感谢自己一直未忘初心，保持善良，心怀美好。未来还需经常反躬自省，无论面临何种处境都坦然面对，坚信无欲则刚，向着更加完善的人格继续努力。

感谢百廿学府山东大学。学校提供了优质的学习和交流平台，我在这里努力奋斗，不负光阴，最终圆梦，不仅度过了最有意义的十年，也将最美好的青春留在这里。十分荣幸成为山东大学十年发展的见证者，学校取得的巨大成绩让我倍感荣光。衷心祝福母校百廿芳华，赓续新章，永葆辉煌。

千言万语无法道尽感激，由衷祝愿师长同窗、亲朋好友平安健康。新的阶段，我将继续保持自我，宠辱不惊，感恩热爱，期许未来。